Günter Miller · Christian Saling

GESCHICHTE ABITUR schnell trainiert

Für Grund- und Leistungskurse

Methodik · Epochen · Aufgaben · Lösungsvorschläge

Günter Miller · Christian Saling

GESCHICHTE ABITUR schnell trainiert

Für Grund- und Leistungskurse

Methodik · Epochen · Aufgaben · Lösungsvorschläge

mvg

Die Deutsche Bibliothek - CIP-Einheitsaufnahme

Miller, Günter:
Geschichte Abitur schnell trainiert : für Grund- und Leistungskurse ;
Methodik, Epochen, Aufgaben; Lösungsvorschläge /
Günter Miller ; Christian Saling. - 3. Aufl. - München : mvg-verl., 1998
(mvg-Lernhilfen)
ISBN 3-478-04640-8
NE: Saling, Christian:

3. Auflage 1998

Satz: Tania Wagenknecht/Wolfgang Appun
Druck- und Bindearbeiten: Presse-Druck, Augsburg
Printed in Germany 040 640/598302
ISBN 3-478-04640-8

Inhalt

1. Gebrauchsanweisung 7

1.1 Die Anforderungen in jedem Geschichtsabitur 7

1.2 Effektive Abiturvorbereitung mit Hilfe dieses Buches 8

1.3 Vorbereitung über das Buch hinaus 9

2. Fehleranalyse 10

2.1 Was man alles falsch machen kann - ein Beispiel 10

2.2 Worauf es immer ankommt - eine Checkliste 17

3. Typische Fragestellungen und ihre jeweiligen Anforderungen 19

3.1 Quellenbezogene Aufgaben 20

3.2 Reproduktive Aufgaben 21

3.3 Aufgaben der selbständigen Anwendung 22

3.4 Stellungnahmen und Transferfragen 23

4. Die historischen Großabschnitte 25

4.1 Das Zeitalter der bürgerlichen Revolutionen 25
4.1.1 Datenblatt 25
4.1.2 Reproduktionsfragen 27
4.1.3 Historische Fragestellungen - Erläuterungen 27
4.1.4 Einführung in die fachsprachliche Ausdrucksweise 32
4.1.5 Übungen 34

4.2 Restauration, Vormärz und die Revolution von 1848 38
4.2.1 Datenblatt 38
4.2.2 Reproduktionsfragen 40
4.2.3 Historische Fragestellungen - Erläuterungen 40
4.2.4 Quellenbezogene Fragestellungen: Äußere und innere Quellenkritik 44
4.2.5 Übungen 47

4.3 Industrielle Revolution und Soziale Frage 49
4.3.1 Datenblatt 49
4.3.2 Reproduktionsfragen 51
4.3.3 Historische Fragestellungen - Erläuterungen 51
4.3.4 Quellenbezogene Fragestellungen: Textanalyse 55
4.3.5 Übungen 58

4.4 Das Zeitalter des Imperialismus und das Deutsche Reich 60
4.4.1 Datenblatt 60
4.4.2 Reproduktionsfragen 63
4.4.3 Historische Fragestellungen - Erläuterungen 63
4.4.4 Die Anwendung des historischen Wissens 67
4.4.5 Übungen 71

4.5 Die Vereinigten Staaten von Amerika und die Sowjetunion 73
4.5.1 Datenblatt 73
4.5.2 Reproduktionsfragen 76
4.5.3 Historische Fragestellungen - Erläuterungen 77
4.5.4 Bildung und Anwendung historischer Kategorien 80
4.5.5 Übungen 84

4.6 Weimarer Republik und Nationalsozialismus 86
4.6.1 Datenblatt 86
4.6.2 Reproduktionsfragen 90
4.6.3 Historische Fragestellungen - Erläuterungen 91
4.6.4 Beurteilung und Diskussion historischer Fragen 93
4.6.5 Übungen 105

4.7 Deutschland und Europa nach 1945 106
4.7.1 Datenblatt 106
4.7.2 Reproduktionsfragen 109
4.7.3 Historische Fragestellungen - Erläuterungen 110
4.7.4 Beurteilung und Diskussion historischer Fragen 115
4.7.5 Übungen 122

4.8 Die Dritte Welt ... 123
4.8.1 Datenblatt ... 123
4.8.2 Reproduktionsfragen ... 127
4.8.3 Historische Fragestellungen - Erläuterungen ... 127
4.8.4 Transferfragen ... 131
4.8.5 Übungen ... 135

4.9 Musterlösungen zum 4. Kapitel ... 136

5. Abituraufgaben und Musterlösungen ... 144

5.1 Abituraufgaben ... 144

5.2 Musterlösungen ... 158

6. Prüfungsstrategien bei mündlichen Abiturprüfungen in Geschichte ... 187

7. Anhang ... 190

Ausgewählte Kurzbiographien ... 190
Glossar: Geschichtliche Fachbegriffe ... 196
Verzeichnis der Abkürzungen, Sonderzeichen und fremdsprachlichen Fachausdrücke ... 200

1. Gebrauchsanweisung

1.1 Die Anforderungen in jedem Geschichtsabitur

Vielfältig wie das Fach sind die Formen und die Inhalte der Abiturprüfung in Geschichte. Von Bundesland zu Bundesland unterscheiden sich die Lehrpläne, die Stundendotierung und selbst die Organisation der Oberstufe. Zudem brachte das Kurssystem die Differenzierung nach Leistungs- und Grundkursen, die sich meist weniger in den Lerninhalten als vielmehr im Anspruchsprofil voneinander abheben. Natürlich wird die Prüfungsvorbereitung in einem Bundesland mit Zentralabitur auch anders aussehen als in einem Land mit schulinternen Abituraufgaben.

Dennoch gibt es eine Reihe grundsätzlicher Übereinstimmungen in den Abiturprüfungen des Faches Geschichte: Die Kenntnis wichtiger Stoffgebiete der deutschen und europäischen Weltgeschichte wird in allen Bundesländern verlangt. Zu diesen Lerninhalten zählen etwa: die Folgen der Revolution des 18. Jahrhunderts, der soziale, wirtschaftliche und politische Umformungsprozeß im Zusammenhang mit der Industrialisierung, die Entwicklung der Weimarer Republik, der Nationalsozialismus und die Etappen der Nachkriegsgeschichte. Die Aufgabenstellung orientiert sich zumeist an den Lernzielkontrollebenen mit dem

- Anforderungsbereich I = Wiedergabe des Gelernten,
- Anforderungsbereich II = selbständiges Erklären und Anwenden des Gelernten und
- Anforderungsbereich III = Problematisieren, Stellungnehmen.

Die Teilaufgaben sind in diesen Ebenen entsprechend gewichtet. Letztlich werden in den Abituraufgaben stets auch methodenbezogene Fähigkeiten überprüft:

Die Aufgaben beziehen sich in der Regel auf geeignete Quellen (zunehmend auch Karikaturen und Statistiken, bzw. Quellenvergleiche), die es fachgerecht zu analysieren gilt. Bewertungskriterien sind daneben immer auch die Beherrschung fachspezifischer Begriffe und die Fähigkeit zu einer sachangemessenen Darstellungsweise.

Dieses Buch ist so konzipiert, daß es allen Schülern zur Vorbereitung auf eine Abiturprüfung im Grund- oder Leistungskurs Geschichte Hilfe und Anregung bieten kann.

1.2 Effektive Abiturvorbereitung mit Hilfe diese Buches

Der "Crash-Kurs in Geschichte" verzichtet auf die Wiedergabe eines festen Kanons von Geschichtskenntnissen. Er will statt dessen an exemplarisch behandelten Beispielen Lerninhalte auffrischen, Arbeitsformen erklären und Arbeitstechniken einüben. Dabei soll auch vor typischen Fehlern gewarnt werden (siehe 2. Kapitel!).

Ein Ersatz für das Lehrbuch und die eigenen Unterrichtsmitschriften kann dieses Buch nicht sein. Es bietet zwar im 4. Kapitel zu jedem Themenbereich grundlegende Informationen. Dennoch möchte es vor allem dazu anleiten, *wie* man es schafft, sich effektiv auf die Reifeprüfung vorzubereiten.

Den verschiedenen Lerntypen bieten sich unterschiedliche Wege an: Der mehr systematisch Orientierte mag von der Fehleranalyse des 2. Kapitels und der Beschreibung der kategorialen Anforderungen des 3. Kapitels ausgehen.

Wir halten folgende Arbeitsschritte für erfolgversprechend:

1. Der erste Schritt sollte die ehrliche Rechenschaftsablage über den eigenen Kenntnisstand sein. Notwendige Ergänzungen können mit Hilfe des Lehrbuchs und der Unterrichtmitschriften vorgenommen werden. Gute Dienste kann hierbei auch ein Schulbuch aus der Mittelstufe leisten. Die "Datenblätter" am Beginn der Großabschnitte des 4. Kapitels bieten ein Informationsminimum. Die danach aufgeführten "Reproduktionsfragen" sollten zur Selbstkontrolle genutzt werden.

2. Der zweite Arbeitsschritt kann nun in einem Durcharbeiten der einschlägigen Themenbereiche des 4. Kapitels bestehen. Dabei lassen sich punktuell inhaltliche, aber auch mit Hilfe des 2. und 3. Kapitels systematische Erkenntnisse gewinnen. Die Übungen am Ende der einzelnen Großabschnitte dienen wieder vor allem der Selbstkontrolle.

3. Als dritten Arbeitsschritt empfehlen wir die selbständige Auseinandersetzung mit ausgewählten Abituraufgaben aus dem 5. Kapitel. Die Musterlösungen verstehen sich als Vorschläge.

4. Zur Abrundung der Vorbereitung läßt sich das zusätzliche Informationsmaterial des Anhangs nutzen.

1.3 Vorbereitung über das Buch hinaus

Wer diese Arbeitsschritte konsequent anwendet, sollte eigentlich gegen alle Prüfungsüberraschungen gewappnet sein.

Wer aber nach Vertiefung des Stoffes strebt und zudem noch genügend Zeit zur Vorbereitung erübrigen kann, dem seien aus dem reichen Buchangebot empfohlen: Der "dtv-Atlas zur Weltgeschichte" ist zu einem fast unentbehrlichen Arbeitsbuch im Geschichtsunterricht geworden. Der besonders Wissensdurstige findet in den bekannten Taschenbuchreihen: "Fischer Weltgeschichte" (Fischer TB), "dtv-Weltgeschichte des 20. Jahrhunderts" (dtvTB) und "Deutsche Geschichte der neuesten Zeit" (dtvTB) Einzeldarstellungen, die zugleich wissenschaftlichen und schulischen Ansprüchen genügen. Sehr empfohlen seien auch die "Informationen zur politischen Bildung" der Bundeszentrale für politische Bildung.

Die Internetadresse: http://www.crispinius.com/nfh2/index.htm informiert über gegenwärtige Diskussionen unter Historikern. Manchmal lassen sich mögliche Aufgabenstellungen anhand aktueller Diskussionen erraten. Die anderen im Buch enthaltenen Internetadressen dienen vor allem dazu, sich über gerade laufende Entwicklungen (z.B. Europapolitik, NATO etc.) auf dem laufenden zu halten. Leider sind Internetadressen relativ kurzlebig. Die angegebenen entsprechen dem Stand von März 1998.

2. Fehleranalyse

2.1 Was man alles falsch machen kann - ein Beispiel

Beispiel einer Klausur in 13/2 über das Thema Nationalsozialismus:

Aufgabe:

Lesen Sie vorher unbedingt den Klausurtext und die Fragen aufmerksam durch.

Aus der Schlußrede Hitlers auf einem Reichsparteitag zu Nürnberg (September, 1933):

(...) Die Nation aber fühlt allmählich die Entstehung einer neuen politischen Führung, der sie sich steigernd mehr und mehr ergibt. (...)
Dasselbe Volk, das in dieser liberalen Epoche mit seiner Führung in ewigem Hader lag, steht mehr und mehr wie ein Mann hinter seiner neuen Führung. Das Wunder, an das unsere Gegner niemals glauben wollten, ist Wirklichkeit geworden.
In unserem vierzehnjährigen Kampf hat sich in unserem Volk eine neue, nach vernünftigen und entscheidenden Gesichtspunkten durchgeführte Gliederung vollzogen. Aus 45 Millionen erwachsener Menschen haben sich 3 Millionen Kämpfer organisiert als Träger der politischen Führung der Nation. Zu ihrer Gedankenwelt aber bekennt sich heute die überwältigende Mehrheit aller Deutschen. In unsere Hände hat das Volk vertrauensvoll sein Schicksal gelegt.
Die NSDAP hat aber damit eine feierliche Verpflichtung übernommen: Sie muß dafür sorgen, daß dieser Kern (die NSDAP), der bestimmt ist, die Stabilität der politischen Führung in Deutschland zu gewährleisten, erhalten bleibt für immer (...) Wir dürfen nie davor zurückscheuen, aus dieser Gemeinschaft zu entfernen, was nicht seinem inneren Wesen nach zu ihr gehört. Wir müssen daher im Laufe der Zeit die Bedingungen für die Zugehörigkeit verschärfen und nicht vermindern. Niemals darf dieser Kern vergessen, daß er seinen

Nachwuchs im ganzen Volk zu suchen hat. Er muß daher in steter Arbeit die ganze Nation nach seinen Prinzipien führen (...) Nur aus dieser ununterbrochenen Arbeit entsteht die Fähigkeit, die zu dieser Auslese gehörenden Teile des deutschen Volkes zu erkennen (...) Nur wenn sich eine feste Führungshierarchie aufbaut, wird sie (...) auf lange Sicht hin die Leitung der Nation zu betätigen vermögen.

Fragen:

1. Arbeiten Sie die im Text enthaltenen Grundgedanken nationalsozialistischer Ideologie heraus! Welche weiteren Prinzipien des Nationalsozialismus sind Ihnen bekannt? (Textbezug und angemessene Gliederung)
2. Analyse der Rede: (Achten Sie auf sauberen Textbezug.)
   a) Welche Bestandteile der Rede deuten auf ihr Entstehungsjahr 1933 hin?
   b) Welche Bestandteile der Rede sind typische propagandistische Tricks, Halbwahrheiten oder Lügen?
   c) Was sollte und konnte der normale Zeitgenosse für seine konkrete Alltagssituation der Rede entnehmen?
3. Wie setzte Hitler die in den letzten beiden Zeilen gemachte Ankündigung in die Tat um? (Stichwortartige Erläuterung der Stationen der Machtergreifung 1933/34)
4. Setzen Sie sich kritisch mit dem Gedanken auseinander, die Deutschen hätten nicht wissen können, was auf sie zukommen werde, Hitler sei schließlich ein großartiger Propagandist gewesen, der auch das Ausland zu täuschen in der Lage gewesen sei!
   Differenzieren Sie nach Jahren oder Epochen wenn nötig und begründen Sie Ihre Auffassung mit wesentlichen Fakten der Außenpolitik!

Aufgabe:

Versetzen Sie sich in die Position eines Geschichtslehrers und lesen Sie die folgenden Antworten sorgfältig durch. Sie enthalten grundlegende Fehler, sowohl in inhaltlicher als auch in formaler Hinsicht. Zur Korrektur der Antworten sind keine speziellen Kenntnisse über das Thema erforderlich. Die unterstrichenen Passagen stammen von der Korrektur der Lehrkraft und stellen Hinweise auf Fehler dar. Die Zahlen am Rand verweisen auf die Erläuterungen der Fehler. Die Erläuterungen finden Sie auf S. 16f.

Klausur im Fach Geschichte

1) Grundgedanken nationalsozialistischer Ideologie:
Der Kern, der bestimmt ist, die Stabilität der
politischen Führung in Deutschland zu gewähr- (1)
leisten, soll für immer erhalten bleiben. Dieser
Kern muß daher die ganze Nation nach seinen
Prinzipien führen.
Die Gemeinschaft spielt bei den Nationalsozialisten
eine bedeutende Rolle. Die Auslese, das bedeutet das
Unterscheiden von Ariern und Juden, ist ebenso ein (2)
wichtiger Grundgedanke. Ein weiterer Grundgedan-
ke nationalsozialistischer Ideologie ist die Führungs-
hierarchie. Ein weiteres Prinzip ist der Sozialdarwinis-
mus: Deutschland, also genauer gesagt Hitler, (3)
hatte die Lehre Darwins auf das staatliche und
menschliche Zusammenleben übertragen. Es gilt
um den Klassenkampf: Die Starken überleben, die (4)
Schwachen sterben. Die Tüchtigsten und Angepaßtesten
nach Hitler sind geeignet für die Zukunft, die (5)
Schwachen sollen ausgerottet werden, eine sog.
"Rassenhygiene". Die Weltherrschaft gehört
den stärksten Ariern.

2a) Zeile 8: "vierzehnjähriger Kampf ..." Damit be-
⑥ zieht er sich auf den VV. Zeile 11: "3 Mio Käm-
pfer" Hier bezieht er sich auf die SA/SS, die
⑦ zu dieser Zeit von Göhring gegründet wurde. Zeile
⑧ 28-30: Damit rechtfertigt er indirekt die Ab-
schaffung des parlament. Regierungssystems, also
eine Notwendigkeit für den starken Staat.

2b) In seiner Rede stellt Hitler Hypothesen auf, die
⑨ wohl sehr zweideutig erscheinen, wie z.B. in Zeile 10-11:
"aus 45 Mio. erwachsener Menschen haben sich
3 Mio. Kämpfer organisiert ..." Damit versucht er,
wie auch im folgenden Satz ..." bekennt sich
die Mehrheit der Deutschen (Z 12)", das Publikum,
⑩ das Volk miteinzubeziehen, und somit die Erfolge klar
⑪ darzulegen. Mit den Versprechungen, "Stabilität in
der politischen Führung zu gewährleisten ..." (Zeile 18/19)
versucht Hitler gekonnt durch Lügen und nicht ein-
haltbare Versprechungen das Volk für sich zu ge-
⑫ winnen, ihm wird natürlich nur Positives versprochen.

2c) Diese Rede sollte dem klarmachen, daß es sich
nun auf andere Zeiten einzustellen hat. Der Normal-

bürger dieser Zeit hatte mit vielen Problemen wie Arbeitslosigkeit und Wirtschaftskrise zu kämpfen. Diese Rede von Hitler hatte die Aufgabe die Bürger auf Veränderungen innerhalb der Gesellschaft hinzuweisen, worauf er sich dann einzustellen hatte. (13)

3. Nachdem Hitler '33 an die Macht gekommen war, machte er sich daran alle Einrichtungen wie z.B. Länder, Gewerkschaften und Kirche gleichzuschalten. Er führte das Ermächtigungsgesetz ein welches die parlamentarische Regierung ausschaltete. Er richtete alles so ein, daß er den Oberbefehl über alles hatte. Am 2.8.1934, am Todestag Hindenburgs, wurde er dann auch noch Reichspräsident und konnte somit alle Institutionen regeln. (14) (15)

4. Vom Beginn der Machtübernahme Hitlers 1933 bis kurz vor Kriegsbeginn war er immer darauf bedacht alle im Glauben zu halten, daß er gegen gewaltsame Auseinandersetzungen sei (Nichtangriffspakt mit Polen, Reichskonkordat mit dem Vatikan). Bis dahin war für den Laien bestimmt nicht ersichtlich, daß es zu einem Krieg kommen (16)

würde, obwohl z.B. das Flottenabkommen mit Eng-
(17) land klar der Aufrüstung diente.1) Dies trifft leider
(18) auch auf die heutige Zeit zu. Mit der Verfolgung
der Juden verhält es sich wohl doch etwas anders. Es
(19) war zunächst den Leuten in Dachau und an anderen KZ-
Standorten bewußt, was in ihrer Gegend passiert oder sie
konnten es sich zumindest denken. Es kamen Tausende
von Menschen in die Lager, aber lebend nie wieder
heraus. Und der penetrante Geruch von ver-
(20) branntem Fleisch bzw. Horn (Haare,
Fingernägel) ist deutlich zu erkennen. Zu
dieser Zeit war es jedoch gefährlich, wenn man
zuviel über ein KZ wissen wollte, da einem an-
gedroht wurde, selbst dorthin zu kommen.
In den letzten Jahren vor '39 wurden auch
die Bedenken der meisten Leute durch überschweng-
(21) liche Reden Hitlers und Göbbels überspielt.

1) Es war zu dieser Zeit normal daß man
(22) ein bestimmtes Quantum an Waffen, eine
Flotte bzw Luftwaffe besitzt.

Anmerkungen zur Korrektur:

1 = Textbezug formal ungenügend; Zeilenangabe und Anführungsstriche sind nötig
2 = Textbezug inhaltlich falsch; die Rede bezieht sich hier auf die Auslese von aktiven Parteikadern, nicht auf die Auslese von Ariern vs. Juden.
3 = "Deutschland, d.h. Hitler" = falsche Gleichsetzung
4 = "Klassenkampf" = falsches Vokabular; das Wort entstammt "linker" Agitation und nicht den Prinzipien der Nationalsozialisten
5 = Der Antwort fehlt jede Gliederung; Behauptungen werden nur ungenügend ausgeführt
6 = formal: Abkürzungen (VV) müssen vorher eingeführt werden
inhaltlich: falsche Zuordnung, der Versailler Vertrag hat mit der Entstehung der NSDAP direkt nichts zu tun
7 = "dieser" = unklarer Bezug
"Göhring" = Eigennamen richtig schreiben; Differenzierung zwischen SA/SS notwendig, weil die SA viel früher gegründet wurde
8 = "damit"; Schlußfolgerung nicht zwingend bzw. nicht ausgeführt
9 = Begründung für die Behauptung "zwielichtig" fehlt
10 = "Erfolge" werden nicht erklärt, sondern nur behauptet
11 = Im angesprochenen Zitat werden keine positiven Versprechungen gemacht
12 = Der Adressat der Rede wird falsch benannt; die Parteikader werden angesprochen (Rede auf dem Parteitag)
13 = Hier wird der gleiche Gedanke zweimal ausgedrückt ("Das Volk muß sich auf Veränderungen einstellen")
14 = Die Antwort ist viel zu allgemein gehalten. Man muß Daten erläutern und die Entwicklung in ihrer Abfolge nachvollziehen. Im allmählichen Ausschalten der genannten Institutionen liegt das Besondere der Machtergreifung
15 = ungenauer Zusammenschluß von politischem Amt ("Reichspräsident") und Befugnissen ("alles regeln")
16 = ungenauer Zusammenschluß ("Nichtangriffspakt und Konkordat"); letzteres dient einem anderen Zweck (formale Beendigung des Konflikts mit der katholischen Kirche)
17 = Wenn Fakten genannt werden, müssen sie erklärt werden
18 = Kommentar ist auf die heutige Zeit bezogen und damit nicht Bestandteil der Frage/Antwort
19 = Dachau war kein Vernichtungslager = falsches Faktum
20 = Der Rest der Antwort ist eine Themaverfehlung (Außenpolitik!)

21 = "überschwenglich" = viel zu allgemein; als Argument bedarf das Adjektiv der Erklärung

22 = Fußnoten/nachträgliche Zusätze müssen dem Text eindeutig zuzuordnen sein. Die Schrift darf ein gewisses Maß an Unleserlichkeit nicht übersteigen

2.2 Worauf es immer ankommt - eine Checkliste

Vermeiden Sie die oben genannten immer wiederkehrenden Fehler. Anhand dieser Fehler läßt sich eine Art Checkliste anfertigen, die Sie bei den folgenden Übungen jeweils neben ihre Antworten legen sollten.

Checkliste

formal:

- ✓ Lesen Sie den Text aufmerksam durch, und streichen Sie Schlüsselpassagen an!
- ✓ Gliedern Sie die Antworten besonders bei komplexen Fragen (Absätze)!
- ✓ Ihre Handschrift sollte leserlich sein, die Korrekturen sauber und eindeutig!
- ✓ Eine eindeutige Zuordnung von Fußnoten und nachträglichen Zufügungen sollte möglich sein!
- ✓ Zitieren Sie richtig (Anführungsstriche und Zeilenangaben)!
- ✓ Verwenden Sie nur eindeutige Abkürzungen und auch diese sparsam!
- ✓ Planen Sie genügend Zeit ein, um Antworten nochmals durchzulesen!

Fortsetzung Checkliste

inhaltlich:

✓ Fragen Sie nach Zweck des Textes, Verfasser und Adressaten vor der Lektüre des Textes!
✓ Lesen Sie die Aufgaben sorgfältig durch, und ordnen Sie die Art der Aufgaben ein!
✓ Beziehen sich Ihre Antworten eindeutig und ausschließlich auf die Frage?
✓ Sind die Bezüge im Text und in Ihren Antworten richtig hergestellt? Pronomen brauchen ein eindeutiges Bezugswort!
✓ Ist die Ausdrucksweise angemessen? D.h. fragen Sie sich, ob verwendete Fachausdrücke und Begriffe passen, ob Sie nicht in Umgangssprache verfallen sind!
✓ Sind Ihre Thesen ausreichend begründet, sind Ihre Schlußfolgerungen durch Fakten belegt?
✓ Sind alle Fakten richtig und angemessen ausgeführt und erklärt?
✓ Enthalten Ihre Antworten den gleichen Gedanken mehrmals?
✓ Stimmen Zusammenschlüsse und Unterordnungen unter Oberbegriffe?

3. Typische Fragestellungen und jeweilige Anforderungen

Aus der Sicht des Schülers mag der Erfindungsreichtum der Lehrer, Fragen zu stellen, nahezu unerschöpflich erscheinen. Doch blickt man genauer hin, entdeckt man rasch, daß es einige typische Aufgabenformen gibt, die leicht verändert immer wieder auftreten.

Von der Formulierung her lassen sich Fragen und Arbeitsaufträge unterscheiden. Ob gefragt wird: "Wie beurteilen Sie ...?" oder gebeten wird: "Beurteilen Sie ...!" - das Ziel der beiden Aufgaben ist offensichtlich dasselbe: die Beurteilung eines Sachverhaltes.

Aber Vorsicht! Im Detail liegt oft die Tücke: Es macht schon einen Unterschied, ob gefragt wird: "Wie ist zu beurteilen ...?" oder: "Wie beurteilen Sie ...?" Im ersten Fall spielt Ihre persönliche Meinung nur eine untergeordnete Rolle, kommt es vielmehr auf das objektive Abwägen unterschiedlicher Urteile an; die zweite Formulierung rückt demgegenüber die persönliche Stellungnahme in den Mittelpunkt.

Das zweite Problem, das dem Prüfling gerade im Abitur zu schaffen macht, ist die Frage des Umfangs: Wieviel soll man denn schreiben?

Einen Anhaltspunkt kann man aus den bei den Aufgaben erreichbaren Bewertungseinheiten (= BE) oder Punkten (= VP oder Pkt) finden. Eine große Zahl von BEs (VPs oder Pkts) deutet auf eine Vielzahl von erwarteten Gesichtspunkten. Die Prüfungszeit ist oft knapp und will ökonomisch genutzt werden. Was bringt es da, eine Aufgabe bis in ihre letzten Einzelheiten zu lösen, dafür aber andere Teilaufgaben zu vernachlässigen?

Den zweiten Anhaltspunkt bieten die für das Fach Geschichte typischen Formulierungen selbst, die stets ein bestimmtes Anforderungsniveau ansprechen. Die folgende Übersicht will Hilfen geben, das gemeinte Niveau möglichst rasch zu erkennen. Natürlich kann die Liste nicht vollständig sein, denn ... (Siehe den ersten Satz dieses Kapitels!)

3.1 Quellenbezogene Aufgaben

Im Geschichtsabitur begegnen Ihnen Texte aus Primär- und Sekundärquellen, Statistiken, manchmal auch Bildmaterial, etwa Karikaturen.

1. Textaufgaben:
   Sie lassen sich in ihrem Anspruchsniveau im allgemeinen drei Gruppen zuordnen:

   a) *Textauswertung:* Typische Formulierungen dafür sind:
   "Was sagt der Text aus über ...?"
   "Wie beurteilt der Autor ...?"
   "Fassen Sie den Text thesenartig zusammen!"
   "Geben Sie mit eigenen Worten wieder ...!"

   b) *Textverarbeitung:* Dafür stehen Aufgabenformen wie:
   "Erklären Sie die These(n) des Textes ...!"
   "Ordnen Sie den Text in den geschichtlichen Kontext ein!"
   "Vergleichen Sie die Textaussagen mit ...!"
   "Bestimmen Sie den Standort des Autors!"
   "Überprüfen Sie die Argumentation (die Glaubwürdigkeit) des Textes!"

   c) *Textbewertung:* Für die anspruchvollste Form sind kennzeichnend:
   "Nehmen Sie Stellung zur Textaussage ...!"
   "Wie ist der Text zu beurteilen?"
   "Was ließe sich den Textaussagen entgegnen?"
   "Diskutieren Sie die Textaussage ...!"

Auf der nächsten Seite wird das Anspruchsniveau noch weiter differenziert. Die Erläuterungen dort lassen sich auf textbezogene Aufgaben unschwer übertragen.

Beachten Sie: Bei allen textbezogenen Aufgaben, auch dort, wo dies nicht ausdrücklich gefordert ist, sollte man die eigenen Aussagen mit entsprechenden Zitaten belegen.

2. Statistiken und Diagramme:
Die Umformung von Zahlenmaterial in eine fortlaufende Darstellung wirft spezielle Probleme auf. Mit folgenden Arbeitsschritten kommen Sie sicher ans Ziel:

- Thema erfassen (Überschrift)
- Herkunft der Daten und Art der Datenerhebung klarlegen (Herausgeber, Schätzung, Zählung)
- Bestimmungsgrößen untersuchen (Art der Datenangabe: Nominal-, Prozent- oder Indexzahlen, Zeiträume ...)
- Entwicklungen erfassen (Zu- und Abnahme, Regelmäßigkeit, Trends)
- auffallende Stellen betrachten (Hoch-, Tief- und Wendepunkte)
- Aussagewert der Daten überdenken (Bedeutung für das Thema, auch Defizite des Materials)
- nach wahrscheinlichen Ursachen der Veränderungen suchen (oft mehrere, z.T. gegenläufige Faktoren)
- bei statistischen Vergleichen auf Übereinstimmungen und Unterschiede achten (Bestimmungsgrößen, zeitliche Verschiebungen)

3.2 Reproduktive Aufgaben

Typisch dafür sind Formulierungen wie:

1. "Beschreiben Sie, nennen Sie, führen Sie aus, kennzeichnen Sie, zählen Sie auf ...!"

   Diese Aufgabenform verlangt die geordnete Wiedergabe von Informationen. Das Gewicht der einzelnen Aussagen sollte erkennbar sein. Die zentralen Elemente sollten möglichst vollzählig dargelegt werden.

2. "Erklären Sie, erläutern Sie ...!"

   Hier soll im allgemeinen Verständnis für ein historisches Problem nachgewiesen werden. Begriffe, Thesen oder geschichtliche Vorgänge sind zu untersuchen. Die Ordnung im Ablauf der Darstellung wird ein wichtiges Qualitätsmerkmal sein. Die Aussagen bedürfen meist einer stützenden Argumentation.

3. "Fassen Sie zusammen, ordnen Sie, bilden Sie Thesen, benennen Sie Oberbegriffe ...!"

   Grundlage dieser Aufgabenform sind meist beigegebene Materialien, die verarbeitet werden müssen. Die Darstellung kann keinesfalls nur aus Zitaten oder einer bloßen Paraphrase des Textes bestehen. Eigene Formulierungen sind gefordert, Zitate und Textverweise dienen als Belege. Die Aufgabe verlangt Genauigkeit und logische Gliederung.

3.3 Aufgaben der selbständigen Anwendung

Typisch dafür sind Formulierungen wie:

1. "Vergleichen Sie, unterscheiden Sie, stellen Sie gegenüber, zeigen Sie Gemeinsamkeiten auf ...!"

   Es geht um die Klärung von Positionen. Auch hier sollte man planvoll vorgehen. In vielen Fällen wird es notwendig sein, die Argumente kurz zu erläutern. Selbst wenn nur nach Übereinstimmungen gefragt ist, kann es sinnvoll sein, die Unterschiede zu erwähnen. Im allgemeinen sollte eine kurze Zusammenfassung die Aufgabe abrunden.

2. "Ordnen Sie in den geschichtlichen Zusammenhang ein, geben Sie einen Überblick ...!"

   Die Gefahr bei dieser Aufgabenstellung liegt darin, daß Wissensstoff einfach aufgehäuft und nicht auf seine Relevanz für das Thema untersucht wird. In der klugen Auswahl zeigt sich hier der Meister. Bedeutsames und weniger Bedeutsames sollte klar unterschieden werden.

Monokausale Betrachtungen und einseitige Darstellungen entsprechen nicht den speziellen Anforderungen dieser Aufgabenform.

3. "Überprüfen Sie, bestimmen Sie den Standort, beschreiben Sie die Absicht, den Zweck ...!"

   Die Aufgabe besteht darin, hinter den Text, die Aussage, die Handlung zu blicken und die Motive, die Zielsetzung herauszulösen. Dies ist nicht immer ganz leicht und bedarf einer sorgfältigen Textarbeit.

3.4 Stellungnahmen und Transferfragen

Typisch dafür sind Formulierungen wie:

1. "Begründen Sie, entwickeln Sie eine Gegenposition, untersuchen Sie die Argumentation ...!"

   Es handelt sich hierbei meist um wertende Aufgaben in engem Zusammenhang mit einer schon dargestellten Position. Eigene Kenntnisse müssen eingesetzt werden. Die Darstellung sollte gegliedert und logisch strukturiert werden. Überzeugend wirken die Aussagen nur, wenn sie begründet und Beispiele zur Veranschaulichung eingefügt werden.

2. "Nehmen Sie Stellung, beurteilen Sie, bewerten Sie, erörtern Sie, diskutieren Sie ...!"

   Aufgaben dieser Art sind das Salz in der Suppe. Äußerlich sind sie meist schon daran erkenntlich, daß für ihre Lösung viele Bewertungseinheiten winken. Die Anforderungen sind hoch: übersichtlicher Aufbau, begriffliche Klarheit, logische Argumentation, abwägendes Urteil. Mögliche Gegenpositionen sollten in Ihre Betrachtung einbezogen sein. Es ist ratsam, vor der Niederschrift auf einem Konzeptblatt Stichwörter zu notieren und den Lösungsweg zu planen. Bei "Erörterungen" wird man am besten eine dialektische Anlage wählen. In jedem Fall sollte die Stellungnahme mit einer kurzen Zusammenfassung enden.

Beachten Sie: Beurteilt wird nicht Ihre Meinung, sondern die Qualität Ihrer Darstellung und Argumentation.

Transferfragen sind theoretisch nur schwer zu beschreiben. Ihre Eigenart ist es, daß gewonnene Einsichten auf einen bis dahin nicht geklärten Sachverhalt selbständig übertragen werden müssen. Sie sind also eine Mischform aus den Anforderunsgbereichen "Vergleich" und "Beurteilung".

In welchen Aufgaben Transferleistungen verlangt werden, können eigentlich nur der Lehrer und seine Schüler feststellen, die den Unterricht vor dem Abitur bestritten haben.

4. Die historischen Großabschnitte

4.1 Das Zeitalter der bürgerlichen Revolutionen

4.1.1 Datenblatt

Aufgeklärte Staatstheorien:

1625	Hugo Grotius: "De iure belli ac pacis" = "Vom Kriegs- und Friedensrecht" (Naturrecht des Menschen auf Leben, Freiheit, Eigentum und Widerstand; Staat als Schutzbündnis der Individuen durch Recht, Gerichtsbarkeit und Verteidigung; Lehre vom Staatsvertrag)
1650	Thomas Hobbes: "Leviathan" (Gesellschaftliches Zusammenleben bedarf der gesetzlichen Regelung und der Schaffung verfassungsrechtlicher Einrichtungen; Ideal des innergesellschaftlichen Friedens, absolutistische Herrschaftsform dafür der Garant; Lehre von der staatlichen Souveränität)
1690	John Locke: "Two Treatises of Government" = "Zwei Abhandlungen über die Regierung" (Volk als eigentlicher Träger der staatlichen Gewalt; Bindung des Herrschers an das Gesetz, das die Menschenrechte = Leben, Freiheit, Eigentum sichern soll; Trennung von ausführender und gesetzgebender Gewalt)
1748	Charles de Montesquieu: "De l'Esprit des Lois" = "Vom Geist der Gesetze" (Gewaltenteilungslehre: gesetzgebende Gewalt ausgeübt von der Volksvertretung, ausführende Gewalt vom Monarchen, Kontrolle durch unabhängige richterliche Gewalt; Theorie der konstitutionellen Monarchie)
1762	Jean Jacques Rousseau: "Contrat Social" = "Der Gesellschaftsvertrag". (Im Naturzustand alle politische Vollmacht beim Individuum, Gesellschaft entsteht durch freiwilligen Zusammenschluß von Einzelmenschen; politische Gewalt an das Prinzip der Delegation gebunden; politische Volkssouveränität ist ab-

solut und äußert sich in der volonté général = allgemeiner Wille der Nation, der nicht identisch ist mit der volonté de tous = Summe der egoistischen Einzelwillen)

Amerikanischer Unabhängigkeitskampf:

1765	Britisches Parlament beschließt Einführung einer Stempelsteuer für Urkunden und Druckschriften in den amerikanischen Kolonien
1773	Bostoner Tea Party
1774	Erster Kongreß von Delegierten der 13 Neu-England-Staaten in Philadelphia
1775-83	Unabhängigkeitskrieg Nordamerikas
1776	4.7. Unabhängigkeitserklärung der 13 Vereinigten Staaten, Erklärung der Menschenrechte
1783	Friede in Versailles: Anerkennung der Unabhängigkeit der USA
1789	Verfassung der USA tritt in Kraft = Grundgesetz der ersten modernen Demokratie
1789-97	George Washington erster Präsident der USA: Aufbau des Staates

Französische Revolution:

1789	5.5. Eröffnung der Generalstände in Versailles
	17.6. Die Vertreter des Dritten Standes erklären sich zur assemblée nationale = verfassunggebenden Nationalversammlung
	14.7. Sturm auf die Bastille
	26.8. Erklärung der Menschenrechte
1789-91	Konstituante
	3.9. Erste Verfassung Frankreichs: konstitutionelle Monarchie
1791-92	Legislative
	April: Ausbruch des Revolutionskrieges
1792-93	Konvent
1792	21.9. Frankreich wird Republik
1793-94	Diktatur der Jakobiner, Schreckensherrschaft des Wohlfahrtsausschusses
1795-99	Direktorium
1799	9.11. Staatsstreich Napoleons
1804	Krönung Napoleons zum Kaiser der Franzosen

4.1.2 Reproduktionsfragen

1. Welche Motive sind für die Auswanderung nach Amerika zu nennen?
2. Welche Ziele verfolgte England mit seinen Kolonien?
3. Warum kam es zur Opposition der amerikanischen Kolonisten?
4. Nennen Sie Anlaß und Ursachen des amerikanischen Unabhängigkeitskrieges!
5. Was enthält die amerikanische Unabhängigkeitserklärung?
6. Worauf ist der Sieg der amerikanischen Kolonisten zurückzuführen?
7. Welche wichtigen Ideen von Staatstheoretikern der Aufklärung finden sich in der Verfassung der Vereinigten Staaten wieder?
8. Welche Rückwirkungen auf Europa hatte die Bildung der USA?
9. Wodurch kam es 1788 erneut zu einer Finanzkrise in Frankreich?
10. Warum sah sich Ludwig XVI. gezwungen, 1789 die Generalstände einzuberufen?
11. Mit welcher Berechtigung erklärten sich die Abgeordneten des Dritten Standes am 17.6.1789 zur "Nationalversammlung"?
12. Adlige, Geistliche, Bürger und Bauern opponierten und revoltierten im Sommer 1789 gegen die bestehende Ordnung. Aus welchen unterschiedlichen Motiven geschah dies?
13. Wodurch unterscheiden sich die Verfassungen von 1791 und 1793?
14. Warum kam es zum 1792 zum Revolutionskrieg?
15. Wodurch war die Radikalisierung der Revolution 1793/94 bedingt?
16. Erläutern Sie den Begriff Robespierres: "Staat der Tugend und des Terrors"!
17. Wie versuchte das Besitzbürgertum nach 1795, seinen politischen Einfluß zu sichern?
18. Wie beendete Napoleon die Revolution?

4.1.3 Historische Fragestellungen - Erläuterungen

Mit dem amerikanischen Unabhängigkeitskampf und der Französischen Revolution beginnt eine neue Zeitepoche, in der die absolutistische Staatsform abgelöst wird von konstitutionellen und demokratischen Formen der Herrschaft. Diese beruhen auf den Gedanken der persönlichen Freiheit und politischen Gleichheit, wie sie von der englischen Aufklärung erstmals formuliert und in Frankreich fortentwickelt wurden. Verwirklicht werden diese Ideen zunächst in der Demokratie der Vereinigten Staaten von Amerika. Doch zum Besitz der europäischen Völker werden sie durch die Französische Revolution. In der Verteidigung der revolutionären Vorstellungen gegen die alten Mächte reift in Frankreich die Idee vom Nationalstaat, die im 19. Jahrhundert alle Völker Europas ergreift.

Das "Zeitalter der bürgerlichen Revolutionen", meist angesetzt zwischen 1770 und 1848, hat viele Gesichter: 1776 und 1789 deuten auf epochale politische Ereignisse, die aber auch einen gesellschaftlichen Wandel nach sich ziehen. Zur gleichen Zeit erschüttert die Industrielle Revolution zuerst England, danach immer größere Teile Europas. Die technische, wirtschaftliche und geistige Umwälzung löst den Kontinent aus den Fesseln der Tradition. Das Zeitalter erhält sein Gepräge aber auch von der Gestalt Napoleons und dem Wirken der Reaktion, die u.a. mit dem Namen des Fürsten Metternich verbunden ist.

Die Amerikanische Revolution:

Die Entstehung der Vereinigten Staaten von Amerika wird im Geschichtsunterricht nicht nur im thematischen Rahmen der "bürgerlichen Revolutionen" behandelt, sondern auch im Zusammenhang mit der Herausbildung der beiden Weltmächte USA und UdSSR (siehe Kapitel 4.5!). Drei Etappen lassen sich auf dem Weg der USA zur westlichen Führungsmacht feststellen:

a) *Kolonialzeit* von 1607 bis 1776: 1607 schickt die "London Company of Virginia" das erste Schiff mit über 100 englischen Siedlern in die Neue Welt.
b) *Pionierzeit* von 1790 bis 1890: Die angelockten Einwanderer und amerikanische Pioniere erobern den Westen.
c) *USA als Groß- und Weltmacht* seit 1890 bis heute: Die inzwischen auf 50 Staaten angewachsenen USA werden zur wirtschaftlichen, dann auch zur politischen und militärischen Großmacht.

Für das Geschichtsabitur sind im Zusammenhang mit der Entstehung der USA Themen wie diese zu erwarten:

- die Geschichte der frühen Einwanderung
- die unterschiedliche Entwicklung in den 13 Kolonien
- die frühen Spannungen zwischen den nördlichen und südlichen Kolonien
- die Interessen Englands an den amerikanischen Kolonien
- die beginnende Entfremdung zwischen Mutterland und Kolonien

Im Zentrum der Betrachtung aber stehen meist:

- die Ursachen für den Aufstand der Kolonisten, den "revolutionary war"
- die Gründe für den Erfolg der Kolonien gegen die damalige Weltmacht England
- die Dokumente der Unabhängigkeitserklärung und der Verfassung, deren Vorbilder und Quellen
- die Rückwirkungen der amerikanischen Unabhängigkeitsbewegung auf Europa
- die natürlichen und geschichtlichen Voraussetzungen für den raschen Aufstieg der USA zur Wirtschaftsmacht

Es wird jedoch auch wichtig für Sie sein, sich mit den Problemfeldern rund um dieses Ereignis auseinanderzusetzen:

- etwa dem Widerspruch zwischen den Idealen der Unabhängigkeitserklärung einerseits und der Ausrottung der Indianer sowie der Negersklavenhaltung andererseits
- der Rolle Frankreichs und Spaniens im Unabhängigkeitskrieg
- der als Heldentat verklärten Eroberung des Westens
- den Problemen der Integration der Einwanderer

Die Französische Revolution:

Die moderne Forschung über die Französische Revolution untersucht genauer die Ursachen für den Zusammenbruch des Ancien Régime = der "alten Regierungsform", des "alten Staates".

Danach spielen vielfältige Faktoren zusammen:

Die Staatskrise:

- Autoritäts- und Prestigeverluste der Krone
- kostspielige außenpolitische Mißerfolge seit 1714
- Mißstände in der Staatsverwaltung
- Zerrüttung der Staatsfinanzen
- Widerstand des privilegierten Adels gegen Reformen

Die Gesellschaftskrise:

- veraltete Feudalordnung
- Starrheit der ständischen Gesellschaftsordnung
- Privilegien der Geistlichkeit und des Adels
- verbreitete Unzufriedenheit in allen Ständen und soziale Spannungen innerhalb der Stände
- Forderungen des wohlhabenden Bürgertums nach politischer Mitbestimmung

Die Wirtschaftskrise:

- Stagnation der Landwirtschaft
- Industriekrise
- geringere Leistungsfähigkeit gegenüber der englischen Konkurrenz
- Probleme der Verteilung und des Austauschs von Gütern, Mißernten, Teuerung, Hungersnöte

Die geistige Krise:

- Verbreitung der Ideen der Aufklärung,
- wachsende Zweifel an der Gottgewolltheit der traditionellen Ordnung.

Ursachen und Folgen sind dabei ineinander verschlungen. Zu bedenken ist, daß Frankreich unter Ludwig XV. (1715-1774), verglichen mit der Zeit Ludwigs XIV. und den Verhältnissen in anderen Ländern des Kontinents, ein relativ wohlhabendes Land ist. Der wachsende Reichtum ist freilich ungleich verteilt.

Ein weiteres Ergebnis der modernen Geschichtsschreibung ist, daß die soziale Lage am Vorabend der Revolution nicht in ganz Frankreich gleich, sondern lokal recht verschieden ist: Ein Abbild davon vermitteln etwa die heute noch erhaltenen rund 40000 Beschwerdehefte = "cahiers", die vor der Wahl der Vertreter für die Generalstände angelegt wurden. Deutlich zeigt sich ein Gefälle zwischen Stadt und Land, regionale und örtliche Besonderheiten spiegeln sich wider, der Brennpunkt Paris ragt heraus.

Noch immer ist auch die Periodisierung der revolutionären Vorgänge in der Wissenschaft nicht einheitlich. Die im Datenblatt vorgestellte Einteilung orientiert sich am jeweiligen institutionellen Machtzentrum, erfaßt aber nicht den revolutionären Prozeß und die Ebenen der Auseinandersetzung. So lassen sich z.B. die Vorgänge des Jahres 1789 drei Ebenen zuordnen:

a) die Erhebung der Vertreter des dritten Standes,
b) die Revolte der Pariser Massen im Juli 1789 und
c) der Aufstand der französischen Bauern gegen die Feudalherren.

Wissenschaftlich diskutiert wird daneben noch immer die "Bürgerlichkeit" dieser Revolution. Sie wird augenscheinlich ausgelöst von der privilegierten Oberschicht, die ersten Wortführer stammen aus dem Adel und der niederen Geistlichkeit.

Zur bürgerlichen Revolution wird sie, da sie von großen Teilen des Bürgertums getragen wird und vor allem seine Zielsetzungen sich durchsetzen, wenngleich von einem einheitlichen bürgerlichen politischen Willen nicht gesprochen werden kann. Zum Erfolg aber wird die Revolution gebracht vom städtischen und ländlichen Proletariat.

Für die deutsche Geschichtsschreibung bleibt die Frage interessant, warum die Französische Revolution sich nicht auf die deutschen Staaten ausdehnte. Die politischen, wirtschaftlichen, gesellschaftlichen und kulturellen Verhältnisse im Heiligen Römischen Reich Deutscher Nation wie auch in den mehr als 360 Einzelstaaten verlangen eine differenzierte Beantwortung.

Die Ursachen der Radikalisierung der Revolution, die Eigenart des Tugend-Terror-Staates, der mit dem Namen Robespierre verbunden ist, die Französische Revolution als Revolutionsmodell, die Ursachen des Niedergangs der Republik, Napoleon als Vollender (?) der Revolution, der Vergleich zwischen den Revolutionen von 1789 und 1917 - dies alles sind Themen, die sich in der wissenschaftlichen Literatur, aber auch als Abituraufgabe finden. Grundsätzlich ist zu sagen, daß die Französische Revolution zu vielfältigen Fragestellungen in der Reifeprüfung geradezu anreizt:

Der Schwerpunkt liegt meist auf der Zeitspanne zwischen 1789 und 1795, das Zeitalter des Direktoriums wird seltener behandelt.

Für *quellenbezogene Aufgaben* bietet sich viel Material an: etwa Beschwerdehefte, Redetexte und Briefe Beteiligter, Gesetzestexte und Dekrete, Flugschriften, Augenzeugenberichte, Auszüge aus der Sekundärliteratur.

Entwickelnde Darstellungen richten sich vor allem auf die Ursachen und den Anlaß der Revolution, die Phasen des Ablaufs, die Verfassungsentwicklung von 1791 über 1793 bis 1795, das Verhalten der europäischen Mächte gegenüber der Revolution, die Gründe für das Nachlassen des revolutionären Elans oder die Bedingungen für den Aufstieg Napoleons.

Historische Kategorien lassen sich entwickeln und näher beschreiben, z.B. an unterschiedlichen Aussagen über die Begriffe "Freiheit", "Gleichheit" und "Brüderlichkeit", aber auch "Gerechtigkeit", "Demokratie", "Revolution", "Bürgertum" usw; die "Multikausalität" historischer Vorgänge läßt sich beispielhaft am revolutionären Geschehen nachweisen.

Die *Kritik- und Urteilsfähigkeit* läßt sich an Fragestellungen prüfen wie: Wer waren die Gewinner, wer waren die Verlierer der Revolution? Worin liegt die weltgeschichtliche Bedeutung der Ereignisse von 1789 bis 1799? Diskutieren Sie die Erklärung Robespierres am 7.2.1794 vor dem Konvent: "Die Regierung der Revolution ist der Despotismus der Freiheit im Kampf gegen die Tyrannei."

4.1.4 Einführung in die fachsprachliche Ausdrucksweise

1. Als Ludwig XVI. am 21. Januar 1793 öffentlich hingerichtet wurde, rief die Menge: "Es lebe die Nation! Es lebe die Republik!"
   Was war mit "Nation" und "Republik" gemeint? Allzu leicht ist man versucht, Begriffen dieser Art heutige Bedeutungsinhalte zuzuweisen, sie ohne nähere Erläuterung zu gebrauchen und damit historische Sachverhalte ungenau oder sogar falsch zu bezeichnen.
   "Nation" war 1793 sicher nicht befrachtet mit all den konnotativen Elementen, die aus der Entwicklung der Idee des Nationalstaates im 19. und 20. Jahrhundert herrühren. Wie die "Nation" war die "Republik"

zum politischen Schlagwort geworden: Mit dem Hoch auf die "Republik" ließ sich die Freude über die erreichte Abschaffung des Privilegienstaates, nun auch über den "Staat ohne Monarchen" und zugleich die Hoffnung auf einen Staat ausdrücken, der gewillt ist, die revolutionären Errungenschaften gegen die Gefahren von innen und außen zu schützen.
Zu Mißverständnissen geben in Quellen dieser Zeit auch leicht die Begriffe "Volk" und "Bürger" Anlaß. Wie unterschiedlich man "Demokratie" interpretieren kann, läßt sich z.B. an der Verfassungsentwicklung von 1789-1799 ablesen.
Eine wichtige Vorarbeit zur Beantwortung einer solchen Abituraufgabe ist es daher, im Quellentext oder in der Fragestellung vorkommende Begriffe zuerst auf ihre Bedeutung hin zu untersuchen. Die Mühe lohnt sich, auch wenn der Arbeitsauftrag diese Klärung nicht vorschreibt.

2. Die Beherrschung fachsprachlicher Ausdrücke ist beim Geschichtsabitur ein nicht unwichtiges Bewertungsmerkmal. Der Prüfer will sehen, inwieweit Sie das Fachvokabular sinnvoll anwenden können. Sie sollten sich daher während Ihrer Abiturvorbereitung auch um das Verstehen und Einprägen von Fachbegriffen bemühen. Eine Auswahl bietet Ihnen das Glossar im Anhang!

3. Eine Deutscharbeit und eine Geschichtsarbeit haben manches gemeinsam: Hier wie dort sind die Grundregeln der sprachlichen Richtigkeit zu beachten. Die Forderung nach der Einhaltung der Sachsprache meint im Fach Geschichte:
   - Vermeidung von Stilbrüchen
   - sparsamer Gebrauch von Superlativen
   - Verständlichkeit und Eindeutigkeit der Formulierung
   - Übersichtlichkeit der Darstellung

   Ihre Ausführungen sollten in jedem Falle mehr sein als eine Ansammlung von Stichwörtern. Erwartet werden ganze Sätze, Variation im Ausdruck und im Satzbau, der Verzicht auf willkürliche Abkürzungen.

4. Manche Abiturarbeiten mißglücken, weil der genaue Wortlaut der Aufgabenstellung nicht beachtet wird. Es macht einen Unterschied, ob von Ihnen verlangt wird: "Beschreiben Sie die Funktion" oder: "Beschreiben Sie die Funktionen", ob Sie "eine Begründung" oder "Begründungen" anführen sollen.
   Die Aufgabe: "Nennen Sie die Phasen der Französischen Revolution!"

verlangt nur eine kurze Aufzählung und Kennzeichnung; der Arbeitsauftrag: "Erläutern Sie die Phasen der Französischen Revolution!" schließt die Beschreibung der einzelnen Phasen mit ein, zielt auf die Darstellung der herausragenden typischen Ereignisse und bezieht die Begründung für die Phasenbegrenzungen mit ein. Heißt die Aufgabe: "Erörtern Sie die Einteilung der Französischen Revolution in Phasen!" so soll die Problematik der Periodisierung des revolutionären Prozesses dargelegt werden, es sollten alternative Einteilungen vorgestellt werden, ein Abwägen von Argumenten sollte stattfinden.
Allgemeine methodische Anleitungen zur Abfassung des Geschichtsabiturs finden Sie in den Kapiteln 2 und 3.

Checkliste

Folgendes sollten Sie beachten:

- ✓ Der erste Arbeitsschritt sollte immer darin bestehen, die Aufgabenstellung genau zu betrachten!
- ✓ Es gilt, die zentralen Begriffe zu erfassen!
- ✓ Aus der Formulierung läßt sich meist unschwer der Anforderungsgrad erschließen!
- ✓ Notieren Sie sich auf einem Arbeitsblatt in Stichworten die wesentlichen Begriffe!
- ✓ Planen Sie vor der Niederschrift eine sachgerechte Abfolge!
- ✓ Überprüfen Sie immer wieder kritisch, ob ihre Formulierungen eindeutig und stilistisch einwandfrei sind!
- ✓ Einschlägige Fachbegriffe sollten Sie einsetzen, wo das geboten ist!

4.1.5 Übungen

1. Die Amerikanische Revolution

Eine (...) Prüfung der (...) Faktoren in dem Streit, der zur Revolution führte, wird zur Folge haben, daß man die alte Theorie, die Revolution sei ausgebrochen, weil ein englischer Despot versucht habe, seine verlorene Machtstel-

lung zurückzugewinnen, ebenso rasch beiseite tut, wie die andere Erklärung, sie sei als Protest gegen die Besteuerung ohne politische Vertretung ausgefochten worden. Tief eingewurzelte und seit langem bestehende Gründe stecken dahinter (...) Lange bevor Georg III. auf den Thron kam, (...) waren Tausende von Amerikanern mit dem britischen Wirtschaftsimperialismus zusammengestoßen, und um die Mitte des 18. Jahrhunderts hatten weitsichtige Männer wie Franklin den Kern des Konflikts bereits entdeckt. Das Entstehen einer Psychologie, welche den Wunsch nach Unabhängigkeit weckte, war ein langer Prozeß.
"Die Revolution", so versicherte John Adams viele Jahre später, "war da, ehe der Krieg begann." Sie lebte "tief im Herzen des Volkes."

(aus: Harold U. Faulkner, Geschichte der amerikanischen Wirtschaft, Düsseldorf 1957, S.136)

1. Auf welche Ursachen wird der Konflikt zwischen den Kolonien und dem Mutterland im Text zurückgeführt?
2. Wodurch unterscheiden sich die Amerikanische und die Französische Revolution?
3. Läßt sich auf den amerikanischen Unabhängigkeitskampf der Begriff "Revolution" anwenden?

2. Ursachen der Französischen Revolution

Cahiers de doléances der Bauern aus dem Dorf Guyancourt (1789):

Die Einwohner dieser Gemeinde fordern:

1. Daß alle Steuern von den drei Ständen ohne irgendwelche Ausnahme gezahlt werden, von jedem Stand gemäß seinen Kräften
2. Das gleiche Gesetz und Recht im ganzen Königreich
3. Die völlige Aufhebung der Sondersteuern und der Salzsteuer
4. Die Abgabenfreiheit aller Messen und Märkte und die Abschaffung aller Wegegelder
5. Die völlige Beseitigung jeglicher Art von Zehnten in Naturalien
8. Daß die Eigentumsrechte heilig und unverletzlich sind
9. Daß rascher und mit weniger Parteilichkeit Recht gesprochen wird
10. Daß alle Frondienste, welcher Art sie auch sein mögen, beseitigt werden

11. Daß die Einziehung zum Heeresdienst nur in den dringenden Fällen erfolgt und daß in diesem Fall alle Städte ohne irgendwelche Ausnahme oder Befreiung hierzu beitragen

17. Daß alle Pfarrer verpflichtet sind, alle ihre Amtspflichten zu erfüllen, ohne dafür irgendeine Bezahlung zu fordern.

(aus: Paul Hartig, Die Französische Revolution, Stuttgart 1960, Seite 13 f.)

1. Welche Mißstände werden in den Beschwerden der Bauern deutlich?
2. Erläutern Sie, warum sich am Vorabend der Revolution diese Mißstände verschärften!
3. Worin bestanden die gesellschaftlichen Privilegien des Adels?
4. Welche unterschiedlichen politischen Theorien lassen sich als Antriebsmomente des revolutionären Geschehens in Anspruch nehmen?

3. Die Erklärung der Menschen- und Bürgerrechte vom 26.8.1789:

Als Ausdruck der grundsätzlichen Rechtsgleichheit, der persönlichen Freiheit und der Volkssouveränität entsprach die Erklärung der Menschen- und Bürgerrechte damals als Stimmung der ganz überwiegenden Menge der Franzosen: der Großbourgeoisie und des mit ihr verbundenen liberalen Adels, die sie geschaffen hatten, ebenso wie der des mittleren und kleineren Bürgertums und der Handwerker und Bauern. Die Staatsordnung sollte nicht mehr königlich, sondern staatsbürgerlich-national sein, getragen von den "Patrioten", nicht von den "Aristokraten". Daraus folgte zugleich die Einheit der französischen Nation, die nun Trägerin der Souveränität war, und die Entstehung einer einheitlichen Nation durch die verschiedenen Landschaften Frankreichs, die vorher oft so wenig voneinander gewußt hatten und nur durch das Königtum und seine Beamten sowie durch die Beziehungen zur Hauptstadt vereinigt gewesen waren. Bald darauf wurden auch alle alten Binnenzollgrenzen beseitigt; Frankreich wurde zum ersten Male ein einheitliches Wirtschaftsgebiet.

(aus: Karl Griewank, Die Französische Revolution 1789-1799. Köln 1973, 5. Aufl., S.42)

1. Worin wird im Text die Bedeutung der "Erklärung der Menschen- und Bürgerrechte" gesehen?

2. Welche Festlegungen über die zukünftige Staatsform und Verfassung enthält sie?
3. Inwieweit wurde sie zum "Evangelium der Revolution"?

4. Napoleon und die Französische Revolution

Proklamation: An die Franzosen. Paris, 12.11.1799:

Die Verfassung des Jahres III ging zugrunde. Sie hatte weder eure Rechte noch sich selbst schützen können. Wiederholte Verletzungen raubten ihr unwiederbringlich die Achtung der Völker. Gehässige und habsüchtige Parteien teilten die Republik unter sich. Frankreich näherte sich dem letzten Punkt einer allgemeinen Auflösung. Die Patrioten haben sich verständigt. Alles, was euch schaden konnte, ist entfernt. Alles, was euch dienen konnte, alles, was in der Nationalversammlung rein geblieben war, hat sich unter der Fahne der Freiheit vereinigt.

Franzosen, die Republik, die wieder befestigt ist und in Europa wieder den Rang eingenommen hat, den sie niemals hätte verlieren sollen, wird alle Hoffnungen der Bürger in Erfüllung gehen sehen und ihre glorreiche Bestimmung erfüllen.

Leistet mit uns den Eid, der einen und unteilbaren, auf Gleichheit, Freiheit und dem Repräsentativsystem gegründeten Republik treu zu sein.

Die Konsuln der Republik — Bonaparte, Ducos, Sièyes

1. Mit welchen Argumenten versucht Napoleon in dieser Proklamation die Franzosen für seine Politik zu gewinnen?
2. Beschreiben Sie die innen- und außenpolitische Lage Frankreichs zum Zeitpunkt des Staatsstreiches!
3. Diskutieren Sie, inwieweit Napoleon in der revolutionären Tradition steht!

4.2 Restauration, Vormärz und die Revolution von 1848

4.2.1 Datenblatt

Ausgangspunkte:

Wiener Kongreß 1814/15 (Schlagworte: Restauration, Legitimität und Solidarität der europ. Mächte = System ☞Metternichs)
Neuordnung Deutschlands, das System des Deutschen Bundes

Konflikte zwischen liberaler/nationaler Opposition und Fürsten in Deutschland im Vormärz:

1815	Gründung der Deutschen Burschenschaft
1817	Wartburgfest liberaler/nationaler Studenten
1819	Ermordung Kotzebues => Karlsbader Beschlüsse
1830	liberale Juli-Revolution in Frankreich => Unruhen in Deutschland => Verfassungen in einigen dt. Staaten
1832	Hambacher Fest
1833	Frankfurter Wachesturm
1834	Gründung des Deutschen Zollvereins
1837	"Göttinger Sieben"
1848	Februar-Unruhen in Frankreich

Die Revolution von 1848:

Phase der Erfolge:
- Märzministerien nach massiven Demonstrationen in Deutschland
- Zugeständnisse der deutschen Fürsten
- April: Frankfurter Vorparlament zur Vorbereitung der Nationalversammlung
- 18.5. Eröffnung der Verfassungsgebenden Nationalversammlung in der Frankfurter Paulskirche

Probleme der Nationalversammlung:
- vorläufige Exekutive (Reichsverweser Erzherzog Johann)

- Fraktionsbildung im Honoratiorenparlament
- Zentralismus vs. Föderalismus
- ☞ Konstitutionelle Monarchie vs. parlamentarische Monarchie vs. Republik
- Diskussion um Wahlrecht (☞Zensus- vs. allgemeines Wahlrecht)
- Großdeutsche vs. Kleindeutsche
- Diskussion der ☞Grundrechte

Phase des Scheiterns der Revolution:
- 1848 Gewaltsame Niederwerfung von Aufständen der Nationalitäten in der Donaumonarchie (Schwarzenberg)
- Votum für die "kleindeutsche Lösung" in der Frankfurter Nationalversammlung
- Dez. 1848 ☞oktroyierte Verfassung in Preußen mit Dreiklassen-Wahlrecht
- März 1849 Ablehnung der Kaiserkrone durch den preußischen König Friedrich Wilhelm IV und des damit verbundenen Verfassungsentwurfs
- Mai 1849 Stuttgarter Rumpfparlament
- Juni 1849 Sprengung des Parlaments durch Truppen
- Niederschlagung anschließender Volkserhebungen in Südwestdeutschland

Ergebnisse und Folgen:
- Scheitern aufgrund der Kompromißbereitschaft der Revolutionäre, ausländischen Eingreifens und der Loyalität des Heeres und der Verwaltungen
- Schwächung der liberalen/demokratischen Bewegung in Deutschland, Massenauswanderung, bürgerliche Abwendung von der Politik

✍ *Ergänzungen:*

4.2.2 Reproduktionsfragen

1. Nennen Sie die Gründe für die Notwendigkeit einer politischen Neuordnung Europas im Jahre 1814/15!
2. Erklären Sie die Begriffe "Restauration", "Legitimität" und "Solidarität" im Zusammenhang mit dem Wiener Kongreß!
3. Charakterisieren Sie die Form des Deutschen Bundes, und erläutern Sie, welche Zwecke Preußen und Österreich-Ungarn mit diesem Bund verfolgten! Beziehen Sie in Ihre Antwort wichtige Ereignisse des Vormärz mit ein!
4. Welchen Forderungen der liberalen und patriotischen Opposition wurde in der Frankfurter Paulskirche Rechnung getragen?
5. Skizzieren Sie die unterschiedlichen Fraktionen und deren Ansichten im Frankfurter Parlament!
7. Formulieren Sie die Gründe für das Scheitern der Revolution von 1848!
8. Fassen Sie die wichtigsten Prinzipien der Verfassung von 1849 zusammen!

4.2.3 Historische Fragestellungen - Erläuterungen

Frage 1:

Erläutern Sie den Zusammenhang zwischen der Ausbildung eines deutschen Nationalbewußtseins und der Französischen Revolution!

Zunächst sei kurz der Zusammenhang zwischen der Französischen Revolution, der sich daran anschließenden Herrschaft Napoleons über den deutschen Raum mit der europäischen Neuordnung 1815 und den sich bis 1848 entwickelnden Gedanken des ☞Liberalismus und des Nationalstaats erklärt.

Die napoleonische Herrschaft über den deutschen Raum bis 1813 brachte diesem eine Reihe von grundlegenden Veränderungen. Mit ihr ging zunächst das ☞Heilige Römische Reich Deutscher Nation mit der Niederlegung der Kaiserkrone durch Franz II. zu Ende. Eine Neugestaltung der territorialen Verhältnisse durch den Reichsdeputationshauptschluß 1802 war ihr vorausgegangen. Letzterer ließ durch Mediatisierung und Säkularisation der kirchlichen Territorien eine Unzahl kleiner und kleinster Herrschaftsgebiete verschwinden. Sie wurden teils den späteren Mittelstaaten des Deutschen Bunds zugeschlagen (z.B. Bayern, Württemberg und Baden), teils den neugegründeten Rheinbundstaaten (z.B. Kgr. Westfalen, Ghzm. Frankfurt). Diese territorialen Neuordnungen hatten teilweise Bestand und waren die Grundlage für das Entstehen moderner Staaten im süddeutschen Raum. Außerdem konnte sich Preußen nur auf dieser Basis nach dem Ende der Befreiungskriege westwärts ausdehnen. Gleichzeitig bildete die Bereinigung der deutschen Landkarte 1802 die materielle Basis der von vielen politisch bewußten Zeitgenossen erhofften nationalen Einigung.

Dieses Nationalbewußtsein hatte sich Mitte des 18. Jahrhunderts in der deutschen Bildungsschicht entwickelt. Zunächst fand es seine Grundlage im Bewußtsein einer kulturellen Gemeinsamkeit der Deutschen ("Kulturnation" vs. "Staatsnation"; letzterer Begriff wird häufig auf Franzosen und Briten verwendet, deren Nationalbewußtsein sich der Konstituierung des entsprechenden Nationalstaats verdankt).

Die Französische Revolution bewirkte die Politisierung dieses Bewußtseins und seine Verbindung mit liberalen Gedanken (Teilhabe des Volks am Staat und Freiheitsrechte - "levéé en masse" - erfolgreich über die Heere der europäischen Fürsten). Die Befreiungskriege ließen die Vertreter der althergebrachten deutschen Kleinstaaterei zur Zielscheibe der deutsch-patriotischen Kritik werden.

Frage 2:

Beurteilen Sie die Ausgewogenheit der europäischen Neuordnung auf dem Wiener Kongreß!

Im allgemeinen wird ihr restaurativer Charakter negativ beurteilt, weil sie den emanzipativen Forderungen der Befreiungskriege nicht Rechnung trägt, sie im Gegenteil weitgehend unterdrücken will. Damit stehen die Ergebnisse des Wiener Kongresses einer gleichmäßigen Entwicklung in Deutschland auf vielen Gebieten im Wege (wirtschaftlich, politisch), wie anhand der Konflikte des Vormärz zu zeigen ist (Karlsbader Beschlüsse!). Andererseits sehen einige Historiker in wichtigen Grundzügen des Deutschen Bundes eine mögliche (föderative) Alternative zum zentralistischen Gesamtstaat, z.B. von 1871, und dessen aggressiven Tendenzen nach außen. Positive Anknüpfungspunkte sind dabei z.B. die Artikel, die (landständische) Verfassungen für die Mitglieder des Bundes in Aussicht stellten, was allerdings nur in Einzelfällen realisiert wurde.

Frage 3:

Beurteilen Sie die Folgen des Scheiterns der Revolution von 1848 für die Entwicklung des deutschen Parlamentarismus!

Die parlamentarische Demokratie konnte sich im Vergleich zu anderen europäischen Staaten (GB, F) in Deutschland erst spät durchsetzen (1918) und dann nur für eine kurze Periode (bis 1933). Gleichwohl wird der deutschen Revolution von 1848/49 in den meisten Ländern zugestanden - abgesehen von der Donaumonarchie -, den Fortbestand der konstitutionellen Monarchie bewirkt zu haben. Sie hat also wenigstens einen Rückfall in die verfassungslose Zeit unmöglich gemacht.

Auch die von den Revolutionären geforderte nationalstaatliche Einigung Deutschlands kommt erst 1871, doch dann unter autoritären Vorzeichen "von oben" (Preußen/Bismarck).

Häufig vergleicht man die Reichseinigung unter Bismarck mit den nationalen Bestrebungen von 1848 und fragt dann, welchen Verlauf die deutsche Geschichte genommen hätte, wenn diese Bestrebungen erfolgreich gewesen wären.

Beispiel:

Beurteilen Sie die Auswirkungen der Revolution von 1848/49 für die Entwicklung der Demokratie in Deutschland! (Wttb. 1985 LkG)

Frage 4:

Beurteilen Sie die kompromißbereite Haltung des deutschen Bürgertums 1848!

Aus Angst vor der Radikalisierung der Revolution durch die (sozialen) Forderungen der Unterschichten und damit aus Furcht vor einer Gefährdung der eigenen politischen und wirtschaftlichen Position gaben sich die (liberalen) Bürger mit den (taktischen) fürstlichen Zugeständnissen der ersten Phase der Revolution zufrieden, verzichteten auf eine vollständige Entmachtung der Fürsten und läuteten damit auch das Ende der Revolution ein.

Frage 5:

Wie wirkte die Fixierung der Grundrechte in der deutschen Verfassungsgeschichte fort?

Die Fixierung der Grundrechte im Verfassungsentwurf von 1849 gehört zweifellos zu den fortschrittlichen und wegweisenden Elementen der revolutionären Vorstellungen. Obwohl dieser Entwurf niemals in die politische Praxis umgesetzt wurde, wird die Frage nach dem Fortwirken dieser Verfassungparagraphen in der deutschen Verfassungsgeschichte gestellt. Während die Grundrechte in der Verfassung von 1871 keine Rolle spielten, wurden sie in der von 1919 fixiert, 1933 aufgehoben und 1949 mit dem Grundgesetz der Bundesrepublik Deutschland zu einem nicht aufhebbaren (höchstens einschränkbaren) Bestandteil der Verfassung gemacht.

Frage 6:

Erläutern Sie den regional unterschiedlichen Charakter der Revolution anhand von Beispielen!

Die revolutionären Abläufe und Bestrebungen wiesen einen regional sehr unterschiedlichen Charakter auf. Die weitestgehenden Forderungen fanden sich im Südwesten Deutschlands, dessen polititsche Geschichte sich schon bis 1848 verfassungsmäßig am fortschrittlichsten entwickelt hatte. Die Zielrichtung der Revolution im katholischen Bayern zielte zunächst vor allem auf die Person des Monarchen Ludwig I. und dessen Lebensstil, wie überhaupt ländlich strukturierte Gebiete von den Ereignissen weitgehend unberührt blieben.

4.2.4 Quellenbezogene Fragestellungen: Äußere und innere Quellenkritik

Lesen Sie den folgenden Forderungskatalog an den preußischen König vom März 1848 durch:

1. Gesetzgebung und Verwaltung durch das Volk, da ein freies Volk (...) sich nicht mehr im Interesse einzelner ausbeuten lassen will (...), allgemeines Wahlrecht und allgemeine Wählbarkeit.
2. Unbedingte Freiheit der Rede und Presse.
3. Aufhebung der stehenden Heere und Einführung der allgemeinen Volksbewaffnung mit vom Volke gewählten Führern (...)
4. Freies Vereinigungsrecht.
5. Schutz der Arbeit und Sicherstellung der menschlichen Bedürfnisse für alle (...) Nur die schlechte Verteilung der Arbeit und ihre Ausbeutung verhindert es, daß genug hervorgebracht wird, um die Bedürfnisse aller einzelnen zu befriedigen. Es ist daher Sache des Staates, die Produktion dem Interesse der einzelnen zu entreißen und sie im Interesse aller zu teilen. Jeder Mensch hat ein Recht auf Arbeit, sowie auf einen seinen Bedürfnissen angemessenen Lohn.
6. Vollständige Erziehung aller Kinder auf öffentliche Kosten.

(aus: Heinz Schmid (Hrsg.), Fragen an die Geschichte 3, Frankfurt a. M. 1980[5], S.204)

Wenn wir unterstellen, daß der Text echt und weitgehend vollständig ist, so ist die erste Frage, die wir an eine Quelle stellen müssen, die nach der Art der Quelle. Handelt es sich z.B. um eine wissenschaftliche Darstellung, um einen Vertrag/eine Urkunde, um die Stellungnahme eines einzelnen/mehrerer Zeitgenossen oder um die Stellungnahme eines Nachfahren des historischen Gegenstands?

Frage:

Angenommen, dieses Flugblatt wäre die einzige Quelle, die uns über populäre Forderungen der Bürger in der Revolutionszeit überliefert wäre. Welches Bild über die Anliegen der Menschen würde dann vermittelt werden?

Bevor Sie weiterlesen, fragen Sie sich nach dem Charakter der Forderungen und gruppieren Sie sie nach den Oberbegriffen "soziale", "ökonomische" und "politische" Forderungen. Überlegen Sie dann, welchen Interessen diese Forderungen entsprechen, wer also der mögliche oder die möglichen Verfasser der Quelle waren.

Natürlich haben Sie erkannt, daß die obigen Forderungen den Interessen der Arbeiterschicht entsprechen. Die ersten vier Punkte verlangen kompromißlos eine demokratische Republik, wobei nur die Punkte 3 und 4 liberalen Anliegen der damaligen Zeit entsprechen. Der Punkt 5 strebt nach einer wirtschaftlichen und sozialen Absicherung der Bürger durch den Staat, der die Produktion in seine Hände nehmen soll - eine Forderung, die den Interessen des liberalen Bürgertums diametral entgegengesetzt ist. Auch das Verlangen nach Volksbildung gehört so nicht unbedingt in das Weltbild des Bürgertums dieser Zeit.

Nun vergleichen Sie den obigen Text mit dem folgenden:

> Wir (erwarten) von der sächsischen Staatsregierung (...)
>
> 1. Freiheit der Presse (...)
> 2. Freiheit des religiösen Bekenntnisses (...)
> 3. Freiheit des Versammlungs- und Vereinsrechtes.
> 4. Gesetzliche Sicherstellung der Person gegen willkürliche Verhaftung (...)
> 5. Verbesserung des Wahlgesetzes (...) durch Herabsetzung des Zensus.
> 6. Schwurgericht.
> 7. Vereidigung des Militärs auf die Verfassung.
> 8. Verminderung des stehenden Heeres.
> 9. Vertretung der deutschen Völker beim Deutschen Bund.
> 10. Lossagung der sächsischen Regierung von den Karlsbader Beschlüssen (...)
>
> Wir zweifeln nicht an dem landesväterlichen Sinne des allverehrten, allgeliebten Königs (...) Es lebe der König.

(aus: Heinz Schmid (Hrsg.), Fragen an die Geschichte 3, Frankfurt a. M. 1985[5], S.204)

Wie bei der ersten Quelle fragen wir, was die Natur der Forderungen ist, teilen sie zu diesem Zweck in Oberbegriffe auf und beurteilen den Charakter der (ausschließlich) politischen Anliegen.

Der Schlußsatz macht klar, daß die Verfasser dieser Quelle keine Republik, sondern eine (konstitutionelle) Monarchie anstreben, wobei die politische Mitsprache des Bürgers von seinem Einkommen/Vermögen abhängen soll, da verlangt wird, den Zensus zwar herunterzusetzen, nicht aber ihn aufzuheben. Zudem finden wir fast den gesamten Forderungskatalog eines Liberalen der damaligen Zeit, also des Bildungsbürgertums. Die sozialen Forderungen der ersten Quelle fehlen vollständig. Auch das Anliegen "deutscher Nationalstaat" fehlt fast vollständig.

Bleibt die Frage zu klären, welche der beiden Forderungskataloge dem Geist der Revolution von 1848 vollständiger entspricht. Wissenschaftlich korrekt wäre es nun, entweder eine möglichst vollständige Statistik der überlieferten Petitionen anzulegen - oder dem Urteil eine andere Quellenart zugrunde zu legen. Dazu sucht man nach einem Dokument mit "objektivem" Charakter, d.h. nach einem Vertrag oder einer Schrift, die die Ergebnisse der Beratungen der Revolutionäre zum Inhalt hat. Man vergleicht also die beiden Forderungskataloge mit dem Verfassungsentwurf von 1849 und fragt, welcher der beiden Quellentexte diesem so eher entspricht.

Die Tatsache, daß der zweite Text Teile der Verfassung widerspiegelt, läßt (mit Einschränkungen) den Schluß zu, daß die in ihm enthaltenen Forderungen, zumindest was die Kräfteverhältnisse in der Nationalversammlung angeht, repräsentativer sind als der erste.

Zusammengefaßt lassen sich folgende Leitfragen an eine Quelle herantragen, wobei natürlich nicht in jedem Fall alle Fragen von Bedeutung sind:

Checkliste

- ✓ Welche Art der Quelle liegt vor (wissenschaftlicher Text, zeitgenössischer Text, Dokument oder Vertrag etc.)?
- ✓ Was ist das Erkenntnisziel des Textes (Erkenntnis von Fakten, Beurteilung von Vorgängen, subjektive Darstellung)?
- ✓ Welche Informationen bietet er?
- ✓ Auf welche Quellen bezieht sich der Text?
- ✓ Ist der Text in sich logisch, bzw. widerspricht er bekannten Fakten?

Fortsetzung Checkliste

- ✓ Läßt sich eine klare weltanschauliche Linie erkennen?
- ✓ Wie paßt er zum bekannten Geschichtsablauf, zu anderen Quellen, Urteilen?

4.2.5 Übungen

Die folgenden Textauszüge sind vier verschiedenen Briefen des Dichters Viktor von Scheffel aus den Jahren 1849/50 entnommen:

1.
Und die, die jetzt wieder obenan sind, spielen das alte Spiel, was im März v.J. ganz Deutschland zur Revolution getrieben hat, - da regnet es Denunziationen und Orden, Ergebenheitskriechereien gegen den preußischen Statthalter von Gottes Gnaden; und um die Seelenschäden im Volk zu heilen, werden Mukkerschriften und "innere Mission" hinausgesendet. Ganz im Sinne der höheren preußischen Staatskünstler, die jetzt in Berlin die erste Violine spielen.

2.
An der Revolution von Baden habe ich keinen Anteil genommen, nicht weil ich keine Revolution wünschte, sondern weil ich eine ganz andere Organisation des deutschen Reichsverfassungskampfes anstrebte, und weil ich mit dem Neckarbundgesindel, welches bei uns im Namen der deutschen Freiheit sein Schindluder trieb, nichts gemein haben wollte.
Nach meiner Ansicht mußte eine irgend über den Horizont unserer kleinen Lumpenblätter hinausreichende Politik dahin zielen, die 28 verfassungstreuen Regierungen waffen- und kampfbereit zu machen: den inneren Hader ruhen zu lassen, als Ersatz dagegen von der Regierung die Rüstung der ungeheuren und frischen Volkskräfte zum Kampf gegen den Absolutismus zu verlangen. Und das war ziemlich am Zuge. Ich habe, eh' es bei uns losging, nicht in den Bierkneipen gewühlt, sondern in gebildeteren Kreisen: - Alles betrachtete Preußen als unseren natürlichen Feind. - Und im Bund mit Württemberg, Hessen p.p. hätten wir mit den Pickelhauben noch ein Wort reden können.

3.
(...) - und bei all den bittersüßen Gedanken ist mir's von neuem klargeworden, wie alles Ringen und Streben in staatlichen Dingen eine Illusion ist, und wie's am End doch immer anders geht, als man will und hofft, und wie nur das Bestand hat, was der einzelne im Herzen festhalten kann, eben weil er's allein hat und ihm kein anderer, kein Diplomat und kein Schuft drein pfuschen kann.

4.
(...) aber freilich war auch das, was bei uns in Baden vor unserer unglücklichen Mairevolution konservativ oder reaktionär genannt wurde, nichts anderes als eine gemäßigte Stufe von Revolutionärsein und unser "entschiedener Fortschritt" in Baden, d.h. die Partei, die unsere Mairevolution gemacht hat, war so sehr mit Skandel identisch in ihrem Streben, daß ein Biedermann wie ich mit ihnen nichts gemein haben wollte. (...)
Da schnürte ich denn auch allmählich meinen Ranzen, erinnerte mich, daß der Mensch auch noch eine andere Nahrung finden kann als Politik, erinnerte mich, daß es auch noch Kunst und Waldeinsamkeit gibt, und setzte mich vier Wochen lang in den hessischen Odenwald und zeichnete und ließ sich das traurige Drama in meinem Heimatland abspinnen.

Aufgaben:

1. Welche Art der Quelle liegt vor, was läßt sich über die gesellschaftliche Stellung des Autors und seine weltanschauliche Grundrichtung sagen?
2. Versuchen Sie die vier Textauszüge in eine sinnvolle Ordnung (1. bis 4., inhaltlich oder chronologisch) zu bringen, und begründen Sie ihre Meinung!
3. Fassen Sie die Quelle zusammen, und zwar
   - nach wiedergegebenen Fakten,
   - nach Wertungen des Verfassers!
4. Diskutieren Sie, inwieweit der Text revolutionäre Vorstellungen von der Zeit um 1848 widerspiegelt!
5. Beurteilen Sie die Schlüsse, die der Autor aus dem Scheitern der Revolution zieht!

4.3 Industrielle Revolution und Soziale Frage

4.3.1 Datenblatt

Die Ursachen der Industriellen Revolution:

- Bevölkerungswachstum (medizinische Fortschritte, verbesserte Hygiene in Ballungsgebieten, Ertragssteigerungen in der Landwirtschaft, Rückgang kriegerischer Auseinandersetzungen, Bauernbefreiung und Wegfall der Heiratsbeschränkungen, zunehmende Mobilität)
- Agrarrevolution durch Auflösung der traditionellen Dorfwirtschaft (☞"enclosures" in GB - Fruchtwechsel statt Dreifelderwirtschaft - Agrikulturchemie)
- Bauernbefreiung (= Schaffung einer besitzlosen Schicht von Arbeitskräften) kapitalkräftige Großgrundbesitzer
- Gewerbefreiheit (= Abbau der Zunftschranken in Handel und Gewerbe)
- Abbau von Verkehrshindernissen und Verbesserungen der Infrastruktur (Straßenbau, Flußschiffahrt, Eisenbahnbau, Dt. Zollverein 1834)
- Erfindungen (Nutzung der Dampfkraft; mechanischer Webstuhl etc.)
- staatliche Förderung von Wissenschaft und Ausbildung
- nach neuen Anlageformen suchendes Kapital aus Handel und Landwirtschaft
- Entstehen einer "Unternehmerschicht", die Kapital, technische Neuerungen und Lohnarbeiter in der Fabrik (als Weiterentwicklung von Verlag und Manufaktur) einsetzt; protestantische Erwerbsethik = neue Arbeitsauffassung

Das Industrieproletariat und die soziale Frage:

- landlose Agrarbevölkerung => Landflucht, besitzloses => Industrieproletariat
- durch die Gewerbefreiheit zunehmende Zahl von Handwerksgesellen

Überangebot an Arbeitskräften und Landflucht verursachen:

- elende Arbeitsbedingungen (niedere Löhne, überlange Arbeitszeiten, gesundheitsgefährdende Arbeitsbedingungen = Überforderung der Arbeitskraft und Zwang zu Frauen- und Kinderarbeit)
- (politische und individuelle) Rechtlosigkeit (kein Schutz vor willkürlichen Entlassungen, Wahlrecht, Vereinigungsrecht)
- soziale Entwurzelung (Veränderungen der Familienstrukturen; Alkoholismus, Kriminalität) = steigende Existenzunsicherheit und Pauperismus (Massenarmut)

Ansätze zur Lösung der sozialen Frage:

- unternehmerische Fürsorgemaßnahmen (Krupp, Harkort)
- kirchliche Lösungsversuche
- staatliche Maßnahmen (Kinderschutzgesetze, Fabrikinspektoren, Sozialgesetzgebung)
- politische Emanzipationsversuche der Arbeiterschicht (Gründung von Gewerkschaften und Arbeiterparteien)
- revolutionäre Bestrebungen, die vor allem den Theorien von Karl Marx folgen und einen kompletten Umbau von Wirtschaft und Gesellschaft fordern (Historischer Materialismus - Mehrwert - Verelendungs-, Entfremdungstheorien)

✍ *Ergänzungen:*

4.3.2 Reproduktionsfragen

1. Nennen und erklären Sie die wesentlichen Ursachen für die schlechte Lage der Industriearbeiter!
2. Erläutern Sie den Begriff "Pauperismus"!
3. Stellen Sie die Ursachen für die "deutsche Verspätung" in der industriellen Entwicklung dar!
4. Fassen Sie die wichtigsten zeitgenössischen Vorstellungen von der Lösung der sozialen Frage in Deutschland zusammen!
5. Erläutern Sie Kernpunkte der marxistischen Theorien!
6. Skizzieren Sie die Stellung des preußischen bzw. deutschen Staates zur sozialen Frage!
7. Fassen Sie die sozialen und politischen Emanzipationsversuche der Arbeiterschicht in Deutschland zusammen!

4.3.3 Historische Fragestellungen - Erläuterungen

Frage 1:

Warum bot gerade England den idealen Nährboden für die industrielle Revolution?

Die Frage zielt auf eine Zusammenstellung all der besonderen Bedingungen ab, die im England des 18. Jahrhunderts vorhanden waren und den take-off der Industriellen Revolution ermöglichten. Einige Ursachen wurden schon im Datenblatt genannt. Dazu kommen noch die billigen Rohstoffe, die England auch aus seinen Kolonien bezog (z.B. Baumwolle). Außerdem verfügen Seehandel und Teilbereiche der Landwirtschaft durch die Enclosures und die Getreideschutzzölle über überschüssiges Kapital. Beide Sektoren (Handel und Industrie) suchen nach neuen Anlageformen, eine wichtige Voraussetzung für die industrielle Produktionsweise, vom relativ entwickelten Bankwesen unterstützt.

Im Unterschied zum mitteleuropäischen Raum existiert außerdem ein großer Binnenmarkt, mit einheitlicher Währung, einheitlichen Maßen, Gewichten und einheitlicher Handelsgesetzgebung. Zahlreiche gelehrte Gesellschaften stellten die Verbindung von Naturwissenschaft und Industriellen her. Die wichtigsten Erfindungen im Bereich der Textilindustrie wurden rasch umgesetzt, Wasserkraft und Dampfmaschine als Grundlage für den Transmissionsriemen genutzt, die günstige Infrastruktur (z.B. Häfen) des Landes durch den raschen Eisenbahnbau weiter verbessert.

Die Konkurrenzlosigkeit der englischen Industrie in den ersten Jahrzehnten, ein unerschöpfliches Reservoir von sich unterbietenden Arbeitskräften ohne gewerkschaftlichen Schutz aus den ländlichen Gebieten und u.a. aus Irland sowie die politische Großmachtstellung Großbritanniens um die Jahrhundertwende vom 18. zum 19. Jahrhundert taten ein übriges.

Aus dem Vergleich der besonderen Lage Großbritanniens mit dem deutschen Raum lassen sich leicht auch die Gründe ableiten, warum in Deutschland die Industrielle Revolution später zündete als in England.

Frage 2:

Worin besteht der Fortschritt der von v. Stein und anderen durchgesetzten Reformen in Preußen?

Diese Frage zielt auf eine Darstellung der Ambivalenz der politischen Reformen ab, die Zehntausende Menschen aus den feudalen Abhängigkeiten lösten und ihre wirtschaftliche Emanzipation förderten - sie aber auch des Schutzes beraubten, die feudale Grundherrschaft und Zunftordnungen bis dahin geboten hatten. Am Beispiel Preußens läßt sich studieren, welche politischen Rahmenbedingungen herrschen mußten, um entscheidenden wirtschaftlichen Umwälzungen zum Durchbruch zu verhelfen (z.B. Mobilität der westpreußischen Landbevölkerung und Entstehung des Ruhrgebiets).

Frage 3:

Welche Rolle spielte der Eisenbahnbau in Deutschland für die Beschleunigung des industriellen Wachstumstempos in Deutschland?

Anhand des Eisenbahnbaus im Deutschland des 19. Jahrhunderts läßt sich besonders gut zeigen, wie die Entwicklung des Transportwesens Folge, Vorraussetzung und Motor der industriellen Entwicklung zugleich war und in seiner Bedeutung indirekt über den rein wirtschatlichen Sektor hinauswies.

Der Eisenbahnbau war eine Folge der technischen Erfindungen und ihrer Anwendung in England. Deutsche Regierungen holten sich zunächst Spezialisten von den britischen Inseln, um die neuen Errungenschaften in ihren Staaten anzuwenden, bis genügend eigene Staatsbürger in der Lage waren, die Rolle der Pioniere zu übernehmen. Dieser Tatbestand ist ein Grundmuster der industriellen Entwicklung in Deutschland.

Der Eisenbahnbau war Voraussetzung der weiteren industriellen Entwicklung, weil er Transportzeiten verkürzte, die Anbindung entlegener Gebiete ermöglichte und so neue Märkte erschloß.

Der Eisenbahnbau war schließlich ein wichtiger Faktor in den Budgetplänen der Regierungen, soweit es sich um Staatsbahnen handelte. Zusammen mit dem Deutschen Zollverein von 1834 beschleunigte der Eisenbahnbau die Entwicklung eines deutschen Binnenmarkts als Vorstufe der nationalen Einheit und weist damit über den ökonomischen Zusammenhang hinaus.

Frage 4:

Welche Rolle spielten die unterschiedlichen Lösungsansätze bei der Bewältigung der sozialen Frage?

Hier soll diskutiert werden, worin die Perspektiven der verschiedenen Lösungsansätze lagen. Wichtig ist vor allem, daß man sich vor Pauschalierungen hütet. Kein Ansatz vermochte die soziale Frage in all ihren Aspekten zu lösen, letztlich war es das Zusammenwirken aller Richtungen, die ihr im 20. Jahrhundert in West- und Mitteleuropa die Schärfe nahm.

Zwar verschafften die unternehmerischen Sozialmaßnahmen (Wohnungsbau, betriebliche Versicherungen und verbilligte Einkaufsmöglichkeiten) in einigen wenigen Großbetrieben Linderung, doch waren sie in den meisten Fällen einer aus der Zeit des Feudalismus stammenden patriarchalischen Haltung des Fabrikanten zuzuschreiben, die sich mit unternehmerischer Fürsorge das Wohlverhalten der Arbeiter sicherte. Auch gutwillige Unternehmer waren Gegner einer echten, z.B. politischen Emanzipation der Arbeitnehmer.

Die sozialpolitischen Vorstellungen der beiden christlichen Konfessionen hatten meist die Hinwendung der Arbeiter zu den Kirchen zu einer Zeit zur Voraussetzung, in der eben diese im Schwinden begriffen war. Allzuoft entsprangen sie überdies weniger der Sorge um das materielle Wohlergehen der abhängig Beschäftigten, als dem Gegenwirken gegen den Verfall von Moral und traditionellen Bindungen. Daraus folgte, daß in Einzelfällen von christlichen Vereinen (Kolpingverein, Innere Mission, christliche Gewerkschaften) Elend gemildert oder verhindert werden konnte, Verbesserungen in großem Stil aber von den Kirchen nicht erreicht wurden.

Rein revolutionären Ansätzen war ebenfalls der Erfolg versagt. (Fragestellungen, die sich auf die marxistische Theorie beziehen, werden in der Folge der jüngsten Ereignisse sicher weniger häufig im Abitur auftauchen als zu Zeiten der Konkurrenz der Systeme.) Im einzelnen wird zu erklären sein, daß bestimmte Aspekte des Marxismus irrige Vorhersagen beinhalteten (Verelendungstheorie und historischer Materialismus) oder auf falschen Voraussetzungen beruhten, wie die Annahme des grundsätzlichen, ökonomischen Gegensatzes von Kapital und Arbeit. Allerdings hat der Marxismus historisch Bedeutung, weil er in vielen Fällen das theoretische Fundament bildete, auf dem die ersten Arbeiterparteien und Gewerkschaften aufbauten.

Die allmähliche Einsicht der Industriestaaten, daß es Aufgabe des Staates ist, Massenelend zu begegnen, brachte die Fundamente hervor, auf denen heute die Absicherungsmaßnahmen der sozialen Marktwirtschaft ruhen. Die von Bismarck initiierten Sozialversicherungsgesetze hatten trotz ihrer auch politischen Zwecksetzung (Abkehr der Arbeiter von der SPD) Vorbildfunktion für viele europäische Staaten. Schutzgesetze die Kinder- und Frauenarbeit betreffend und die Überprüfung ihrer Einhaltung durch Fabrikinspektoren waren die Vorläufer moderner Arbeitsschutzbestimmungen, deren Durchsetzung aber ohne Gewerkschaften und Arbeiterparteien undenkbar gewesen wären. Diese Tatsache unterstreicht die Bedeutung der Emanzipationsversuche der Arbeiter bei der Lösung der sozialen Frage.

Von den ersten Assoziationen über Bildungsvereine, Gewerkschaften und deren Kampf für Vereinigungsfreiheit, Streikrecht und Tarifautonomie, bis zu Parteien und deren Kampf für die Beteiligung der Arbeiter am (demokratischen) polititschen Leben der Staaten führte ein langer Weg zur Lösung der Probleme des Massenelends des 19. Jahrhunderts letztlich auch zur heutigen, modernen Form der Demokratie.

4.3.4 Quellenbezogene Fragestellungen: Textanalyse

Viele Abiturfragen verlangen eine Zusammenfassung des Textes z.B. in thesenartiger Form. Der Schüler muß lernen, Zentrales von Unwichtigem zu unterscheiden, eigene Stellungnahmen, Hinzufügungen, Erläuterungen, Wiederholungen oder unzulässige Interpretationen als solche zu erkennen und zu vermeiden. Zweck der Übung ist der Nachweis der Fähigkeit, die Kernaussagen eines Textes zu erfassen. Grundsätzlich kommen hierbei die gleichen Techniken zur Anwendung, die bereits im Fach Deutsch oder in den Fremdsprachen bei der Textanalyse eingeübt worden sind. Im allgemeinen kann man folgende Arbeitsschritte unterscheiden:

1. Erstes Durchlesen des Textes und Formulierung einer Gesamtaussage (z.B. in Form einer Überschrift) zur Überprüfung des Gesamtverständnisses.
2. Zweites Durchlesen mit Unterstreichungen der Kernsätze und gegebenenfalls Einklammern der Erläuterungen, Beispiele und Wiederholungen des Verfassers.
3. Eigene Formulierung der Kernsätze mit eventuellem Einbau von Zitaten. (Anführungsstriche und Zeilenangabe nicht vergessen!)

Ein Beispiel:

Abiturprüfung 1981, Bayern, Grundkurs, Aufgabe III:

(...) Schon oben wurde angedeutet, wie die Industrie den Besitz in den Händen weniger zentralisiert. Sie erfordert große Kapitalien, mit denen sie kolossale Etablissements errichtet und dadurch die kleine, handwerksmäßige Bourgeoisie ruiniert - und mit denen sie die Naturkräfte dienstbar macht, um die einzelnen Handarbeiter aus dem Markte zu schlagen. Die Teilung der Arbeit, die Benutzung der Wasser- und besonders der Dampfkraft und der Mechanismus der Maschinerie - das sind die drei großen Hebel, mit denen die Industrie seit der Mitte des vorigen Jahrhunderts daran arbeitet, die Welt aus ihren Fugen zu heben. Die kleine Industrie schuf die Mittelklasse, die große schuf die Arbeiterklasse und hob die wenigen Auserwählten der Mittelklasse auf den Thron, aber nur, um sie desto sicherer zu stürzen. Einstweilen indes ist es ein nicht geleugnetes und leicht erklärbares Faktum, daß die zahlreiche kleine Mittelklasse der 'guten alten Zeit' durch die Industrie zerstört worden und in reiche Kapitalisten auf der einen und arme Arbeiter auf der anderen Seite aufgelöst ist.

Die zentralisierende Tendenz der Industrie bleibt aber hierbei nicht stehen. Die Bevölkerung wird ebenso zentralisiert wie das Kapital; ganz natürlich, denn in der Industrie wird der Mensch, der Arbeiter nur als als ein Stück Kapital angesehen, dem der Fabrikant dafür, daß es ihm zur Benutzung sich hingibt, Zinsen, unter dem Namen Arbeitslohn, erstattet. Das industrielle große Etablissement erfordert viele Arbeiter, die zusammen in einem Gebäude arbeiten; sie müssen zusammen wohnen, sie bilden schon bei einer mäßigen Fabrik ein Dorf. Sie haben Bedürfnisse und zur Befriedigung derselben andere Leute nötig; Handwerker, Schneider, Schuster, Bäcker, Maurer und Schreiner ziehen sich hin. Die Bewohner des Dorfs, namentlich die jüngere Generation, gewöhnt sich an die Fabrikarbeit, wird mit ihr vertraut, und wenn die erste Fabrik, wie sich versteht, nicht alle beschäftigen kann, so fällt der Lohn, und die Ansiedlung neuer Fabrikanten ist die Folge davon. So wird aus dem Dorf eine kleine Stadt und dann eine große. Je größer die Stadt, desto größer die Vorteile der Ansiedlung. Man hat Eisenbahnen, Kanäle und Landstraßen; die Auswahl zwischen den erfahrenen Arbeitern wird immer größer; man kann neue Etablissements wegen der Konkurrenz unter den Bauleuten und Maschinenfabrikanten, die man gleich bei der Hand hat, billiger anlegen als in einer entfernten Gegend, wohin Bauholz, Maschinerie, Bauleute und Fabrikarbeiter erst transportiert werden müssen; man hat einen Markt, eine Börse, an der sich die Käufer drängen; man steht in direkter Verbindung mit den Märkten, die das rohe Material liefern oder die fertige Ware abnehmen. Daher die wunderbar schnelle Vermehrung der großen Fabrikstädte.

Kernsätze und thesenartige Formulierung:

- "wie die Industrie den Besitz in den Händen weniger zentralisiert" (Z. 1f.)
- "kleine, handwerksmäßige Bourgeoisie ruiniert" (Z. 3f.)
- "Teilung der Arbeit (...), die Benutzung der Wasser- und (...) Dampfkraft und der Mechanismus der Maschinerie" (Z. 5ff.)
- "die zahlreiche kleine Mittelklasse der 'guten alten Zeit' durch die Industrie zerstört und (...) aufgelöst ist" (Z. 12ff.)
- "Die Bevölkerung wird ebenso zentralisiert" (Z. 17)
- "so fällt der Lohn" (Z. 27f.)
- "So wird aus dem Dorf eine kleine Stadt" (Z. 28f.)
- "Man hat Eisenbahnen (...), Landstraßen" (Z. 30f.)
- "man hat einen Markt" (Z. 35f.)

Als nächstes müssen Sie die Kernsätze nun:

- umformulieren und in eigene Worte fassen (wobei Zitate erlaubt sind)
- sofern der Text keine klare Gliederung abgibt, nach Möglichkeit die Kernsätze gliedern

Folgende Musterlösung bietet sich an:

Die wirtschaftlichen Folgen der Industrialisierung bestehen in der Konzentration des Kapitals in den Händen einiger weniger, wobei die bisherigen Handwerksbetriebe mangels Konkurrenzfähigkeit ruiniert werden. Arbeitsteilung und Maschineneinsatz nehmen zu, die Infrastruktur wird ausgebaut. "Die Bevölkerung wird ebenso zentralisiert" (Z. 17), neue Städte und Absatzmärkte entstehen.

Damit einher gehen die sozialen Folgen dieser Entwicklung: "Die (größtenteils aus Handwerkern bestehende) Mittelklasse der 'guten alten Zeit'" (Z. 13) verschwindet und teilt sich in verarmte Arbeiterschicht und zahlenmäßig kleine Unternehmerschicht. Die Bevölkerungskonzentration führt zur Verstädterung, das Überangebot an Arbeitskäften zum Lohnverfall und zur Verelendung der Fabrikarbeiter.

Checkliste

Folgendes sollten Sie bei dieser Aufgabenart beachten:

✓ Wichtiges (Kernsätze) nicht mit Erläuterungen und Wiederholungen vermischen!

✓ Textwiedergabe und Texterläuterung nicht vermischen. Es muß immer klar erkennbar sein, was in der Quelle steht und was von Ihnen stammt!

✓ Text nicht einfach nur vollständig wiedergeben etwa aus der Angst heraus, etwas Wichtiges zu vergessen!

✓ Nicht über den Text schreiben ("Der Autor befaßt sich mit den Folgen der Industriellen Revolution" etc.), sondern wiedergeben, was Wesentliches im Text steht!

✓ Eigene Kommentare sind nur dort erlaubt, wo sie in der Fragestellung verlangt werden!

Fortsetzung Checkliste

✓ Nicht die Übersicht verlieren, sondern immer wieder zum Text zurückkehren und sich selbst fragen, ob das Wesentliche eines Absatzes erfaßt wurde!

4.3.5 Übungen

Fassen Sie den folgenden Text thesenartig zusammen!

Abiturprüfung 1980, Bayern, Grundkurs, Aufgabe III, Text A

Die Bevölkerungszunahme, bewirkt durch die fallende Sterblichkeit, unter bestimmten Bedingungen, wie im preußischen Osten nach der Bauernbefreiung, auch die durch vermehrte Heiraten erhöhte Gebürtigkeit, hatte in älter ausgebauten Landschaften langsam, fast unmerklich in noch weniger dicht besiedelten Gebieten, wie z.B. den Ostprovinzen, stürmisch eine Überbevölkerung eingeleitet, die infolge der liberalen Agrarreformen und Gewerbefreiheit sich zum Teil verstärkte und zur Katastrophe zu führen drohte, als durch Überschwemmung des deutschen Marktes mit billigen Erzeugnissen der englischen Industrie (vor allem die Textilien und Eisenwaren) die krisenempfindliche und kapitalschwache deutsche Industrie zu verfallen drohte und ins Stocken geriet.

Das Mißverhältnis zwischen dem hohen Angebot von Arbeitskräften und der beschränkten Zahl von gewerblich-industriellen Arbeitsplätzen wurde bis zu den 40er Jahren immer stärker, Rückgang der Reallöhne und Arbeitslosigkeit waren die Folge; und ungeschützt fielen die Menschen in Land und Stadt der Massenverarmung, dem Pauperismus anheim, wie das aus England übernommene Schlagwort lautete.

Dieser Pauperismus ist in Deutschland viel weniger eine Folge der jungen Industrie mit ihren niedrigeren Löhnen als vielmehr in der noch zu geringen Aufnahmefähigkeit der Industrie angesichts der fortschreitenden Überbevölkerung gewesen. Im Pauperismus trat die Not der übermäßig stark angewachsenen Unterschicht zutage, das Massenelend der von den Zeitgenossen

immer wieder als Übergangsperiode empfundenen Jahre, in denen die Bindungen der Ständegesellschaft unwiederbringlich dahinschwanden und neue Verfassungsformen einer industriellen Gesellschaft, die ja erst in ihren Anfängen sich zu bilden begann, noch nicht gefunden waren.
Im Pauperismus wurde mit Erschrecken eine neue Erscheinung gesehen, die etwas grundsätzlich anderes war als die Armenfrage oder das Dasein der Besitzlosen und Dienenden im herkömmlichen Sinn. Dieses prinzipiell Andersartige, das in Deutschland in den 30er und 40er Jahren ins Bewußtsein trat, wurde in jener Zeit durch den Begriff des "Proletariats" ausgedrückt, womit zugleich der ältere Begriff des "Pöbels" abgelöst oder zumindest in seiner Anwendung eingeschränkt wurde. In diesen beiden Worten liegt im Grunde alles beschlossen, wodurch die Entwicklung zum Pauperismus erklärt werden kann.

4.4 Das Zeitalter des Imperialismus und das Deutsche Reich

4.4.1 Datenblatt

Umfeld der Schaffung des Deutschen Reiches:

- Deutscher Bund
- preußisch-österreichischer Dualismus
- (klein-)deutscher Zollverein 1834
- Revolution von 1848 und ihr Scheitern
- nationale Bewegungen in Polen, Griechenland etc.
- Revolutionen in Frankreich 1830/1848
- Gründung des Königreichs Italien

Das preußische Hegemonialstreben und die Schaffung des Deutschen Reiches:

1862	☞Wilhelm I. beruft ☞Bismarck zum preußischen Ministerpräsidenten im Verfassungskonflikt
1863	Konvention von Alvensleben (preußische Verständigung mit Rußland)
1864	Deutsch-Dänischer Krieg, preußisch-österreichische Verwaltung Schleswig-Holsteins
1866	Deutscher Krieg (Dt. Bund/Österreich vs. Preußen)
1866	Nach preußischem Sieg Gründung des Norddeutschen Bunds nördlich des Mains (außer Sachsen und Hessen-Darmstadt) "Schutz- und Trutzbündnis" Preußen-Süddeutsche Staaten
1870/71	Deutsch-Französischer Krieg (Frage der spanischen Thronfolge - "Emser Depesche" - Sieg über Napoleon III.)
1871	(18.1.) Gründung des deutschen Kaiserreichs

Innere Probleme des Deutschen Reiches 1871 - 1914:

- Verfassung (monarchisches Prinzip)
- Budgetrecht und Heeresetat

- allgemeines Wahlrecht zum Reichstag und Dreiklassenwahlrecht in Preußen)
- autoritäre Staatsführung Bismarcks bis 1890 (Kulturkampf, Sozialistengesetze)
- bis 1900 Vereinheitlichung von Maßen, Gewichten, Rechtspflege und Post
- 1878 Schutzzollpolitik nach Gründerboom und folgender Wirtschaftskrise
- Sozialgesetzgebung ab 1883
- 1890 Entlassung Bismarcks; "persönliches Regiment" ☞Wilhelms II.
- die deutsche Außenpolitik von 1871 bis 1890 und von 1890 bis 1914 (Bismarcksches Bündnissystem vs. deutsche Weltpolitik)
- zunehmender Einfluß von Verbänden und Großfirmen (Alldeutsche, Flottenverein, Kolonialverein, Kyffhäuserbund, Bund der Landwirte, Gewerkschaften und Arbeitgeberverbände)
- überproportionale Gewichtung des Militärischen in der Gesellschaft

Imperialismus (1880 - 1914):

- allgemeine Verschärfung des Nationalismus (z.B.: Panslawismus und -germanismus) in Europa und europäisches Sendungsbewußtsein (kulturelle und religiöse Vorurteile) gegenüber anderen Rassen
- Industrielle Revolution vergrößert den Rohstoffbedarf und den Kampf um Absatzmärkte (Imperialismustheorien z.B. von Hobson, Hilferding, Schumpeter und Lenin)
- das Rennen um die "Aufteilung der Welt" (Afrika und Fernost) vom Standpunkt der europäischen Machtpolitik aus verschärft die Kolonialpolitik der vorhergegangenen Jahrhunderte
- Bildung geschlossener Kolonialreiche in Afrika durch Großbritannien und Frankreich (weitere Kolonialmächte Italien, Deutsches Reich, Belgien, Portugal, Spanien etc.)

Der Ausbruch des 1. Weltkriegs:

Wachsende Kriegsbereitschaft der europäischen Staaten durch:
- (gegeneinander gerichtete) Bündnissysteme (Mittelmächte vs. Entente)
- Abfolge von europäischen Krisen um Nordafrika (1904/12) und den Balkan (v.a. 1912/13)

- August 1914 Kriegsausbruch (Sarajewo - deutscher Blankoscheck - Ultimatum an Serbien - Mobilisierungsautomatismen - Schlieffen-Plan)

Kriegsverlauf (1914- 1918):

- Westen: ("Marnewunder" - Stellungskrieg - Verdun - Somme - Giftgaseinsätze - 1917 Kriegseintritt der USA - alliierte Tankwaffe)
- Osten: ("Tannenberg" - "russische Dampfwalze" - Februar- und Oktoberrevolution 1917 - Friede von Brest-Litowsk)
- November 1918 Waffenstillstand (Wilsons 14 Punkte - Revolution in Deutschland) - 1919/1920 Unterzeichnung der Pariser Vorortverträge

✍ *Ergänzungen:*

4.4.2 Reproduktionsfragen

1. Fassen Sie die Vorgeschichte der Gründung des zweiten Deutschen Kaiserreichs zusammen!
2. Erklären Sie das internationale Umfeld der deutschen Einigung unter Bismarck!
3. Nennen Sie die wichtigsten Bestimmungen der Verfassung von 1871, und vergleichen Sie sie mit dem Entwurf von 1848!
4. Erläutern Sie die Begriffe Kulturkampf, Sozialistengesetze und Schutzzollpolitik!
5. Nennen Sie die Ziele bedeutender deutscher Verbände im Kaiserreich!
6. Erklären Sie den Begriff Imperialismus und einige Legitimationsansätze europäischer Nationen!
7. Vergleichen Sie thesenartig zwei wichtige Imperialismustheorien!
8. Legen Sie die geographischen Zielrichtungen der kolonialen Expansion der wichtigsten imperialistischen Nationen dar!
9. Erläutern Sie die wichtigsten Etappen der Entstehung des 1. Weltkriegs ab 1904!
10. Vergleichen Sie die Außenpolitik Bismarcks mit der deutschen Außenpolitik ab 1890 bis 1914!

4.4.3 Historische Fragestellungen - Erläuterungen

Frage 1:

Beurteilen Sie die Auswirkungen des Zustandekommens des Deutschen Reiches 1871 auf seine Geschichte bis ...!

Im Unterschied zur gescheiterten Revolution von 1848, als breite Schichten der Bevölkerung die Schaffung eines Nationalstaats gegen die souveränen Fürsten durchsetzen wollten, war das zweite deutsche Kaiserreich - etwas vereinfacht - das Resultat preußischen ☞Hegemonialstrebens, das die deutschen Fürsten 1866 und 1871 nach erfolgreichen Kriegen gegen zwei europäische Nachbarn zur weitgehenden Aufgabe ihrer Souveränität veranlaßte. Die Reichseinigung erfolgte also nicht "von unten", sondern "von oben" durch eine Politik der militärischen Durchsetzung.

Im wesentlichen sieht die Forschung daraus zwei Probleme erwachsen. Erstens stellt das deutsche Verhältnis zu Frankreich auf Jahrzehnte ein Problem für die Sicherheit des Kontinents dar, darüber hinaus belastet potentielles Mißtrauen der anderen europäischen Großmächte, vor allem Großbritanniens, die Lage des ökonomisch überaus dynamischen Machtzentrums in Mitteleuropa.

Zweitens sehen weite Teile des Bürgertums in Bismarck, der ja der Verwirklicher der Hoffnungen von 1848 war, und in allem, wofür er stand (monarchisches Prinzip, Politik der Stärke, Antiparlamentarismus, Realpolitik etc.) kritiklos *die* Daseinsbedingung des Deutschen Reichs. 1871 bedeutete damit einen weiteren Sieg über den deutschen Liberalismus, dessen ehemalige Verfechter sich teilweise auf die Seite des starken deutschen Staates schlugen.

Die Folge der außenpolitischen Probleme war ein dauerndes Gefühl echter oder eingebildeter Unsicherheit, dem man mit gewagten Bündniskonstruktionen und verstärkter Rüstung zu begegnen hoffte, was in Wirklichkeit aber die Instabilität auf dem Kontinent bis zum 1. Weltkrieg nur fortsetzte und vergrößerte.

Die Konsequenz des zweiten Problems war, daß sich die Strukturen des Obrigkeitsstaates in den Köpfen der Menschen verfestigten und die Entwicklung von Demokratie und Parlamentarismus behinderten - mit Folgen bis weit in das 20. Jahrhundert. Darüber hinaus blieb die zahlenmäßig größte Gruppe, die Arbeiterschicht, aus dem politischen Leben lange Zeit völlig ausgegrenzt, auch wenn die Sozialistengesetze etc. nicht verhindern konnten, daß die SPD bis 1914 zur stärksten Partei wurde - freilich ohne je Regierungsverantwortung zu tragen.

Frage 2:

Worin liegen die Gründe für den Imperialismus der europäischen Mächte?

Die Beantwortung der Frage unterstellt eine mehr als nur oberflächliche Kenntnis der wichtigsten Imperialismustheorien und Rechtfertigungsversuche.

Im allgemeinen wird heute differenziert geurteilt und nach imperialistischen

Mächten unterschieden. Monokausale Erklärungen (z.B. Lenin) werden abgelehnt. Die Forschung befaßt sich mit einem Geflecht politischer (Machtstaatsgedanke und Prestige), ökonomischer (Rohstoffe, Absatzmärkte) und sozialer (Bevölkerungsdruck) Ursachen.

Einfacher zu fassen sind die Unterschiede der imperialistischen Bestrebungen der Großmächte: Erstens: das "Informal Empire" Großbritanniens mit dem Hauptaugenmerk auf die Kap-Kairo Line und die Verbindung zum indischen Subkontinent via Suezkanal und Arabien bzw. Persien und Afghanistan. Zweitens: Frankreichs Bemühen, die "civilisation Française" in Nord-, im mittleren Afrika in West-Ost-Richtung und in Südostasien durchzusetzen. Drittens der "indirektere" Imperialismus (Ausnahme Philippinen und Pazifikinseln) der USA haupsächlich in Süd- und Mittelamerika vermittels mehr oder weniger offener Intervention in die Angelegenheiten der betroffenen Staaten auf der Grundlage der Monroe-Doktrin und mit Hilfe der "Dollardiplomatie". Viertens der Kontinentalkolonialismus Rußlands im Streben nach eisfreien Häfen, der Kontrolle über Bosporus und Dardanellen, Einfluß auf den Balkan (Panslawismus), die Mongolei und China ("ungleiche Verträge"). Fünftens das Deutsche Reich, als "zu spät" gekommener Staat, dessen "Schutzgebiete" in Afrika und später Kolonien im Pazifik, sowie Pachtgebiete in China keinerlei strategischen Zusammenhang möglich machten.

Frage 3:

Beurteilen Sie die deutsche Außenpolitik von Bismarck bis v. Bethmann-Hollweg!

Während die Innenpolitik Bismarcks schon lange negativ beurteilt wird, sahen viele Forscher die Außenpolitik Bismarcks als positiven Kontrapunkt zu den "Ungeschicklichkeiten" seiner Nachfolger und erst recht zur Aggressivität Hitlers. Sein "status quo" orientiertes, geschicktes "Spiel mit fünf Kugeln" war, so die Ansicht, die Grundlage für die Sicherheit eines dramatisch umgestalteten Deutschlands und garantierte 20 Jahre Frieden.

In jüngerer Zeit richtete die Forschung ihr Hauptaugenmerk auf die Widersprüche im Bismarckschen Bündnissystem (z.B. Zweibund und Rückversicherungsvertrag mit Rußland), bzw. auf dessen Unfähigkeit, Frankreich mit dem Deutschen Reich auszusöhnen und das weit entwickelte parlamentarische System Großbritanniens zu begreifen. Letzteres hatte zur Folge, daß Bismarck Großbritannien immer mit großer Reserve entgegentrat.

Die Außenpolitik von Bismarcks Nachfolgern von Caprivi über v. Bülow bis Hollweg und das diplomatische Geschick Wilhelms II. sind nur sehr selten positiv beurteilt worden. Die Urteile reichen vor allem im Vergleich zu Bismarck von ungeschickt bis stümperhaft. In der Nichterneuerung des Rückversicherungsvertrags wurde die Grundlage für die das Deutsche Reich vor große militärische Probleme stellende Zweifrontenkonstellation im 1. Weltkrieg gesehen. Das Streben nach einem "Platz an der Sonne", der forcierte Flottenaufbau und die Politik einer angeblich "freien Hand" verbunden mit unüberlegter Kraftmeierei (Panthersprung nach Agadir, Hunnenrede des Kaisers, Krügerdepesche) führten zu jener von den Zeitgenossen als Einkreisung empfundenen Ausgrenzung Deutschlands bis zum Jahr 1914.

Einige Historiker nehmen zumindest Caprivi (Handelsverträge in Mitteleuropa) gegenüber eine differenziertere Haltung ein, da der Rückversicherungsvertrag ihrer Auffassung nach wegen der Verbindung mit Österreich sowieso nicht zu halten gewesen wäre. Andere verweisen auf die Tatsache, daß jenes Streben nach Weltmachtgröße eben dem Zeitgeist entsprach, dem auch die anderen Nationen nur erfolgreicher huldigten.

Zuletzt sei noch auf eine in den 70er Jahren wiederaufgelebte Debatte um die Außenpolitik des Deutschen Reichs als "Funktion der Innenpolitik" verwiesen.

Es wurde gesagt, die sozialen und wirtschaftlichen Probleme seien von innen nach außen abgelenkt worden, die Massen seien über die Vorgabe nationaler Größe und kolonialer Expansion von den wirklichen Problemen im Inneren abgelenkt worden. Der Flottenbau sei der Erfolg konsequenter Politik der Großindustriellenlobby in Deutschland gewesen etc., die inneren Verhältnisse hätten die bestimmte Außenpolitik der wilhelminischen Ära zur Folge gehabt. Die Gegenthese betont die Eigenständigkeit der außenpolitischen Konzeption. Nach dem Selbstverständnis der Großmachtpolitik des Deutschen Reiches hatten sich innenpolitische Bereiche den Zwecken der Außenpolitik eher unterzuordnen als umgekehrt (Rüstungsanstrengungen und die damit verbundenen Folgen für das Budget etc.).

Frage 4:

Welche Macht/welche Mächte trug(en) die Verantwortung für den Ausbruch des 1. Weltkriegs?

Der Paragraph 231 des Versailler Vertrags legte die deutsche Kriegsschuld fest. Er diente als Rechtfertigung für die Reparationsforderungen der Alliierten und bedeutete für viele Deutsche eine über die Niederlage hinausgehende Schmach. Daraus ergab sich für die deutsche Historiographie der Versuch eines Nachweises der Mit- oder Hauptschuld der anderen Großmächte. Bis in die 50er Jahre hatte sich die internationale Geschichtswissenschaft darauf geeinigt, daß von einer Alleinschuld eines Staates nicht die Rede sein könne. Europa sei in den Krieg "hineingeschlittert".

In den 60er Jahren brach die sogenannte Fischer-Kontroverse los, benannt nach dem Hamburger Professor Fischer, der in seinem Buch "Griff nach der Weltmacht" die These zu belegen suchte, daß das Deutsche Reich den Weltkrieg bewußt provoziert habe, um seinen imperialen Wünschen in Europa zum Durchbruch zu verhelfen.

Der neueste Stand der Forschung hat das Urteil Fischers wieder abgemildert und betont die Bereitschaft aller beteiligten Staaten, das Kriegsrisiko einzugehen, und die Tatsache, daß die Befähigung der damals führenden Staatsmänner zur Konfliktvermeidung nicht eben ausgeprägt gewesen sei.

4.4.4 Die Anwendung des historischen Wissens

Viele Fragestellungen von Klausuren und Abiturprüfungen verlangen die "Neuorganisation" des Erlernten und seine Anwendung bei der Bearbeitung eines Quellentextes. Der Fragetyp liegt zwischen den Reproduktionsfragen, "Lernfragen", und der Diskussion komplexer, im Unterricht nicht ausdrücklich behandelter Themen, den Transferfragen. Der Schüler soll bei diesem Fragetyp nachweisen, daß er in der Lage ist, sein auswendig gelerntes Datenwissen richtig auf einen historischen Zusammenhang zu beziehen.

Lesen Sie folgenden Text und die dazugehörenden Fragen durch:

Aus einer Reichstagsrede Bismarcks (Berlin, 9. Oktober 1878):

(...) Tendenzpolitik ist mir fremd, die habe ich allenfalls getrieben, ehe ich in den Staatsdienst trat, wo ich auch ein zorniges Fraktionsmitglied war, aber für einen preußischen, einen deutschen Minister ist das ganz unmöglich. Ich habe bestimmte, positive, praktische Ziele, nach denen ich strebe, zu denen mir mitunter die Linke, mitunter die Rechte geholfen hat, nach meinem Wunsch beide gemeinschaftlich helfen sollten. Aber wer die Ziele mit mir erstrebt - ob man sie sofort erreicht, oder nach langjähriger, gemeinschaftlicher Arbeit ihnen näher kommt und sie schließlich erreicht, darauf kommt es so sehr nicht an - ich gehe mit dem, der mit den Staats- und Landesinteressen nach meiner Überzeugung geht; die Fraktion, der er angehört, ist mir vollständig gleichgültig. Ich habe ja angenehme und unangenehme Erlebnisse mit verschiedenen Fraktionen gehabt, und ich muß mich, welches auch meine (...) natürliche Empfindlichkeit sein mag, wenn ich im Stiche gelassen werde bei dieser oder jener Gelegenheit, derselben vollständig entschlagen in meinem Amte. (...)

Fragen:

1. Ergründen Sie aus dem Text, was Bismarck unter "Tendenzpolitik" versteht, und stellen Sie seine Gegenposition dar!
2. Fassen Sie Bismarcks Haltung gegenüber den im deutschen Reichstag vertretenen Parteien zusammen (1870 - 1880)!
3. Inwiefern hat die Reichsverfassung von 1871 die im Text dargelegte generelle Haltung Bismarcks gegenüber den Parteien begünstigt?
4. In einer modernen Biographie wird Bismarck als "weißer Revolutionär" (Lothar Gall) bezeichnet. Erörtern Sie unter diesem Gesichtspunkt die Reichseinigung und die daraus resultierenden Belastungen für die folgenden Jahrzehnte der deutschen Geschichte!

Betrachten wir zunächst die Fragentypen:

Frage 1 überprüft das Textverständnis vor dem Hintergrund der Kenntnis des Schülers von den politischen Grundsatzpositionen Bismarcks, er verlangt also die Anwendung des Wissens über Bismarck auf den Text. (Natürlich verlangt die Frage auch die Anwendung der in 4.3.4 geübten Techniken der Textanalyse!)

Frage 2 soll den Schüler veranlassen, sein Wissen über die praktische Politik Bismarcks wiederzugeben (Reproduktion).

Frage 3 verlangt wiederum, daß der Schüler sein Wissen über die Verfassung von 1871 unter dem Aspekt "reorganisiert", wie die Stellung der Parteien verfassungsrechtlich bedingt war. Eine reine Wiedergabe von Verfassungsartikeln (Reproduktion) wäre hier eine Themaverfehlung.

Frage 4 unterstellt natürlich das Wissen über die Anfangsjahre des Deutschen Reichs, geht aber über eine reine Anwendung hinaus, weil der Schüler aufgefordert wird, sich mit einem ihm unbekannten Sachverhalt mit Hilfe dieses Wissens auseinanderzusetzen (Transferfrage).

Im vorliegenden Zusammenhang interessieren uns also vor allem die *Fragen 1* und *3*:

Zu *Frage 1* sollten Sie folgendes Hintergrundwissen parat haben: Bismarcks Verhältnis zu den Parteien war mit Ausnahme des Verhältnisses zur SPD nicht grundsätzlich ideologisch geprägt, sondern von der Taktik des Regierens bestimmt. Seine abwechselnde parlamentarische Zusammenarbeit mit den Nationalliberalen, dann den Konservativen, zum Schluß sogar eine Annäherung an das Zentrum belegen dies.

Grundsätzlich teilte er Parteien in "staatstragende" und "staatsfeindliche" ein.

Die Kenntnis der beiden Adjektive sollte es Ihnen leicht machen, den Begriff Tendenzpolitik zu erklären. Tendenzpolitik ist eine Haltung, die die Interessen der Partei über die "Notwendigkeiten" des Staates stellt, die nach Bismarck eben jenseits von Parteiinteressen existieren. Allein diesen Zwecken soll/kann sich ein Regierungsmitglied verschreiben.

Genau so sieht Bismarck seine Tätigkeit als Kanzler im Unterschied zu seiner Zeit als "zorniger" Abgeordneter, in der er sich den Absichten seiner Partei, nicht dem gesamtstaatlichen Interesse verpflichtet sah.

Ausdrücklich möchte Bismarck die Parteien selbst sogar auf dieses verpflichten, was den ganzen Charakter seines obrigkeitsstaatlichen Denkens klarmacht: Er kennt die Staatszwecke, die Interessen der Parteien können keine Alternative darstellen, sie haben sich am besten an ihm zu orientieren: "zu denen mir mitunter die Linke, mitunter die Rechte geholfen hat, nach meinem Wunsch beide gemeinschaftlich helfen sollten ..." (Z. 4ff.)

Zu *Frage 3* ist folgendes Hintergrundwissen vonnöten: Die Grundrechte waren im Unterschied zu 1848 kein Bestandteil der Verfassung, d.h. das unbeschränkte Recht, Parteien im Sinne der Versammlungsfreiheit zu gründen, existierte so nicht. Zwar läßt sich kein Verbot einer wichtigen Partei belegen, im Falle der SPD allerdings gab es ein Verbot der Parteiorganisation im Rahmen der Sozialistengesetze.

Die Abgeordneten des Reichstags wurden in freien, gleichen und geheimen Wahlen bestellt. Allerdings war ihnen gegenüber die Regierung nicht verantwortlich, ließ sich also nicht vom Parlament stürzen. Im Rahmen des Budgetrechts konnten die Parteien im Parlament auf die Legislative am wirkungsvollsten Einfluß nehmen, wenn dies auch im Falle des Heeresbudgets mehrfach durchbrochen wurde.

Auf die Besetzung und Beschlüsse des verfassungsrechtlich bedeutenderen Bundesrats - er konnte den Reichstag auflösen und besaß legislative Vollmachten - hatten die Parteien kaum Einfluß, weil seine Mitglieder von den Regierungen der Bundesstaaten delegiert wurden.

Aus der Menge der bekannten Bestimmungen der Verfassung von 1871 genügen die hier aufgeführten, um die Stellung der Parteien im Deutschen Reich zu charakterisieren und zu erklären, warum sich Bismarck die oben genannte Haltung so einfach erlauben konnte und sich selbst als über den Parteien stehend begriff: Regierungsverantwortung erlangten die Parteien im modernen parlamentarischen Sinne nie. Da die Abgeordneten keiner Regierung ihr Mißtrauen aussprechen konnten, tat sich Bismarck leicht, mit wechselnden Mehrheiten im Parlament zu arbeiten. Im Notfall drohte er zudem gerne mit dem Mittel der Palamentsauflösung, die durch den Kaiser oder den Bundesrat geschah. Parteien, die in seinen Augen zu offen einer "Tendenzpolitik" huldigten, wurde das Leben durch gesetzliche Einschränkungen schwergemacht oder sie wurden anderweitig bekämpft (z.B. Kulturkampf).

Checkliste

Folgende Dinge sollten Sie bei dieser Aufgabenart beachten:

✓ Nicht einfach alles, was an Wissen vorhanden ist, niederschreiben, der Bezug zur Frage muß immer eindeutig sein!
✓ Nicht ungegliedert aneinanderreihen, was einem zur Frage einfällt, sondern Punkt für Punkt vorgehen, so lassen sich weniger wichtige Dinge schnell erkennen!

4.4.5 Übungen

Die deutsche Kolonialbewegung ist die natürliche Fortsetzung der deutschen Einheitsbestrebungen. Es war nur natürlich, daß das deutsche Volk, nachdem es seine europäische Machtposition (1871...) emporgerichtet hatte, sofort das Bedürfnis empfand, nunmehr auch der elenden und zum Teil geradezu verächtlichen Stellung unserer Nation jenseits der Weltmeere ein Ende zu machen und zu gleicher Zeit teilzunehmen an den Vorteilen materieller Art, welche eine Herrschaftsentfaltung im großen Stil noch zu allen Zeiten geboten hat.
In Deutschland brach sich zunächst die theoretische Überzeugung von der Notwendigkeit einer nationalen Kolonisation in den 70er Jahren in breiten Kreisen Bahn, und in der Begründung des deutschen Kolonialvereins (1882) fand diese Bewegung ihren ersten (...) Ausdruck. (...) Nun lag nur die Gefahr nahe, daß in einer bloßen Vereinstätigkeit (...) die Kolonialbewegung schließlich verschlammen könne. Vor dieser Gefahr ist unser Volk gerettet worden durch das tatkräftige Handeln des Herrn Lüderitz und das sich daran anschließende Eingreifen der deutschen Reichsregierung. (...)
Aus diesem zweiten Stadium der Entwicklung heraus ist im April 1884 die Gesellschaft für deutsche Kolonisation entstanden. (...) Da die Gesellschaft unabhängige deutsche Kolonien unter deutschem Banner gründen wollte, so war für sie die Auswahl natürlich auf das beschränkt, was zu solcher Auswahl noch vorhanden war. Es kam eigentlich nur Afrika in Frage. (...)
Es blieb übrig, die Anerkennung des Reichs für die neuen Erwerbungen zu erzielen. Das gelang nach kurzen Verhandlungen, und bereits am 27. Februar 1885 war der Allerhöchste Kaiserliche Schutzbrief (...) durch seine Majestät unserer Gesellschaft verliehen.

(aus: Carl Peters, Kolonial-Politische Korrespondenz)

Aufgaben:

1. Was meint Peters in den Z. 4 ff. mit "verächtlicher Stellung unserer Nation" und "Vorteilen materieller Art"? Inwieweit wurde beiden Punkten durch die deutsche Kolonialpolitik Abhilfe geschaffen?
2. Erläutern Sie die außenpolitische Grundkonzeption Bismarcks und ihre Verwirklichung bis 1889, und erklären Sie, ob Sie Peters Stellung ent- oder widersprach!
3. Wie paßten die im Text vorgetragenen Ansichten zur Politik Kaiser Wilhelms des II. und der Nachfolger Bismarcks?
4. Welche Beurteilung erfährt die deutsche Außenpoltik Bismarcks und die seiner Nachfolger in der Geschichtswissenschaft? Würden Sie sich der Auffassung anschließen, Bismarck sei ein "europäischer Friedenspolitiker" gewesen?

4.5 Die Vereinigten Staaten von Amerika und die Sowjetunion

4.5.1 Datenblatt

1917-1941:

Sowjetunion:

Oktober 1917	Revolution der ☞Bolschewiki
1918-1920	Bürgerkrieg und Krieg gegen Polen; Lenin setzt auf Revolution in den Industriestaaten
1922	Gründung der UdSSR und erste internationale Anerkennung (Rapallo etc.)
1924	Tod Lenins und Machtübernahme ☞Stalins; forcierte Industrialisierung, Kollektivierung der Landwirtschaft und staatlicher Terror; Ziel der Außenpolitik = Konsolidierung der UdSSR - kommunistische Parteien des Auslands als Mittel via Komintern
1939	Hitler-Stalin-Pakt
1939-1940	sowjetisch-finnischer Winterkrieg
1.6.1941	deutscher Überfall auf die UdSSR

USA:

1918	Amerikanische Truppen intervenieren auf seiten der "Weißen" im russischen Bürgerkrieg
1919	USA verfolgen nach der Durchsetzung der Sowjets die Politik des ☞Isolationismus
1919	"red scare" = öffentliche Kampagne gegen Kommunisten in den USA
1928	Beginn der Weltwirtschaftskrise mit Massenentlassungen und Produktionsrückgang in den USA
ab 1933	☞Roosevelt setzt auf die Rückkehr der USA in die Weltpolitik
1934	Wiederaufnahme der diplomatischen Beziehungen zwischen der UdSSR und den USA

Die Alliierten im 2. Weltkrieg (1941-1945):

1941	"Four Freedoms" als Ziel der amerikanischen Außenpolitik (Presse- und Meinungsfreiheit; Freiheit der Religion und Freiheit von materieller Not), Atlantik Charta auf der Grundlage der "one world"-Theorie
7.12.1941	Pearl Harbour und anschließender Kriegseintritt der USA
1942	Aufnahme massiver Unterstützung der UdSSR durch die USA
1943-1945	Kriegskonferenzen von Casablanca, Teheran und Jalta = Forderung nach "unconditional surrender", Aufteilung der Interessensphären in Europa (Balkan und Mitteleuropa), UdSSR tritt in den Krieg gegen Japan ein
1945	Deutsche Kapitulation und Gründung der UN
1945	Potsdamer Konferenz (Stalin, ☞Churchill/Attlee, ☞Truman) = Minimalkonsens der Alliierten bezüglich des Vorgehens in Deutschland
2.9.1945	Kapitulation Japans und Ende des 2. Weltkriegs

Der Kalte Krieg (1946-1990):

1945-1947	Einflußnahme der UdSSR auf die südost- und osteuropäischen Staaten im Sinne einer sowjetischen Umgestaltung = Schaffung eines Rings von Satellitenstaaten aus sicherheitspolitischen und ideologischen Gründen (☞Volksfronttaktik) Unterstützung ☞Mao Tse-tungs im chinesischen Bürgerkrieg
1947	Truman Doktrin - Marshall-Plan - Politik des ☞"containment"
1947	Gründung der Kominform
1949	Gründung der NATO; weitere spätere Pakte (ANZUS, SEATO, CENTO) richten sich gegen Ausbreitung des Kommunismus
1950-1953	Korea-Krieg; Aufstände in der SBZ, Polen
1951	Ende des amerikanischen Atomwaffenmonopols, Beginn des Wettrüstens; Beginn der ☞McCarthy-Ära
1953	Außenminister J. F. Dulles formuliert Politik des ☞"roll-back"
1955	Warschauer Pakt
1956	Ungarnaufstand; UdSSR formuliert Politik der "friedlichen Koexistenz"
1957	Sputnikschock
1960	Chruschtschow besucht die USA
1961	Bau der Berliner Mauer
1962	Kuba-Krise

1963-1973/75 offene Intervention der USA in Vietnam nach Tonking-Zwischenfall
1968 Intervention des Warschauer Pakts in der CSSR; Breschnew-Doktrin
1970-79 Phase der ☞Entspannungspolitik; 1973 KSZE: Menschenrechtsbewegung gewinnt an Kraft; SALT-Abkommen zur Rüstungsbegrenzung
1979 Einmarsch der UdSSR in Afghanistan und nachfolgender Bürgerkrieg; amerikanische Gegenmaßnahmen
1980 Gründung der Gewerkschaft Solidarität in Polen - Kriegsrecht
1981 Reagan wird Nachfolger Carters als amerikanischer Präsident und formuliert schärferen Gegensatz zur UdSSR
1982 Tod Breschnews; Nachfolger beginnen vorsichtige Öffnung der UdSSR
1985 Gorbatschow Parteichef der KPdSU; ☞Glasnost und Perestroika rufen zu Kritik am bisherigen System auf; Abzug der UdSSR aus Afghanistan; einseitige Abrüstungsschritte der UdSSR und INF-Vertrag; Verständigung der UdSSR mit den USA über regionale Kriegsschauplätze = Stärkung der UNO
1989 Solidarität stellt polnischen Regierungschef; Fall der Mauer
1990 Ende des Kommunismus in Osteuropa; Wiedervereinigung Deutschlands; Ende des Warschauer Pakts

Die neue Weltordnung?

1991 Golfkrieg gegen den Irak (wg. Annexion Kuweits) unter Führung der USA im Auftrag der UNO; Abrüstungsverträge und -initiativen der UdSSR und der USA; nach mißlungenem Putsch konservativer Elemente in Moskau faktischer Zerfall der UdSSR und Gründung der **G**(emeinschaft) **U**(nabhängiger) **S**(taaten)
1992 Anerkennung der aus dem Zerfall der UdSSR entstandenen Staaten durch die internationale Völkergemeinschaft; Zerfall Jugoslawiens: Kroatien und Slowenien werden unabhängig; Krieg um Ostslawonien; Beginn des Bosnienkriegs mit umfassenden ethnischen Säuberungen
1993 Gescheiterter Putschversuch des national-kommunistisch dominierten Parlaments festigt die Präsidialdemokratie unter Boris Jelzin in Rußland
1994 Rußland versucht sich eindeutiger als einigende Führungsmacht der GUS zu etablieren (Wahlsiege rußlandfreundlicher Kandida-

	ten in Weißrußland und der Ukraine, offene und verdeckte Interventionen in Moldawien, Georgien und Tschetschenien). Der sich verschärfende Krieg in Bosnien-Herzegowina führt erstmals zu NATO-Einsätzen "out of area" im Auftrag der UNO
1995	Abkommen von Dayton: USA handeln ein Friedensabkommen für Bosnien aus, das von NATO-Truppen überwacht wird
1997	NATO-Osterweiterung: Beschluß zur Aufnahme von Beitrittsverhandlungen mit Polen, Ungarn und Tschechien

Internetadressen zu allgemeinen Fragen der Sicherheitspolitik: Die offizielle Homepage der NATO http://www.nato.int/

4.5.2 Reproduktionsfragen

1. Charakterisieren Sie den Gegensatz der Alliierten des 1. Weltkriegs zu den Bolschewiki! Welche Maßnahmen gegen die UdSSR ergriffen sie?
2. Fassen Sie die außenpolitische Grundhaltung der USA von 1917 bis 1920 zusammen!
3. Charakterisieren Sie die außenpolitischen Ziele der UdSSR von Lenin bis Stalin!
4. Welche Begründung gab Stalin für den Abschluß des Pakts mit Hitler? Überprüfen Sie sie auf ihre Stichhaltigkeit!
5. USA und UdSSR als Kriegsalliierte, worin lagen die Gemeinsamkeiten, worin Gegensätze?
6. Nennen Sie die wesentlichen Gründe für den Ausbruch des Kalten Krieges!
7. Welche Phasen größerer und geringerer Spannung lassen sich aus der Ereignisgeschichte des Kalten Krieges ableiten?
8. Erklären Sie die unterschiedliche Reaktion der USA auf den Mauerbau und die Aufstellung sowjetischer Raketen auf Kuba!
9. Fassen Sie die Maßnahmen der USA gegen das Ausbreiten des Kommunismus 1946-1970 zusammen!
10. Erläutern Sie das Bemühen der UdSSR, ihren Einfluß auf die Weltpolitik zu vergrößern!
11. Nennen Sie die Schritte hin zum "Ende des Kommunismus" 1991!
12. Vom Wettrüsten zum Wettabrüsten; erläutern Sie die wichtigsten Stationen dieser Entwicklung!
13. Beschreiben Sie wichtige internationale Krisen und Konflikte seit Ende des Kalten Krieges!

4.5.3 Historische Fragestellungen - Erläuterungen

Frage 1:

Welche Umstände führten zum Ende des Kommunismus in Europa?

Diese Frage wird von Historikern noch nicht diskutiert. Der zeitliche Abstand dafür ist zu gering, die Quellenlage erlaubt keine fundierte Diskussion der Frage. Maßgebliche Publizisten erörtern die Frage, ob die harte Haltung des Westens unter Führung der USA ab 1980 (z.B. NATO-Doppelbeschluß, Unnachgiebigkeit in Fragen der Menschenrechte, ökonomische Überlegenheit und Verschuldung z.B. im Fall Polen) letztlich für die Durchsetzung des weltweiten Trends zur Demokratie auch in Osteuropa gesorgt hat oder ob ganz eigenständige Einsichten der sowjetischen Staatsführung (Glasnost/Perestroika) dafür verantwortlich gewesen sind - Einsichten, die dann eine Eigendynamik in Richtung Zerfall der Ostblockstaaten bis zum Verfall der UdSSR selbst in sich bargen.

Frage 2:

Worin liegen die Ursachen für das Wettrüsten der UdSSR und der USA bis in die Mitte der 80er Jahre?

Die Antworten auf diese Frage reichen von eindeutigen Schuldzuweisungen für einen der beiden beteiligten Blöcke bis zur Ermittlung von Mechanismen, die dem Wettrüsten den Charakter eines Automatismus gaben. Viele Autoren im Westen werfen der UdSSR die rapide Ausweitung ihres nuklearen und konventionellen Potentials seit dem Ende des amerikanischen Atomwaffenmonopols vor. Sichtbarster Ausdruck dieser Bedrohung aus dem Osten war - abgesehen von den Krisen der 50er Jahre - der Sputnikschock 1957, dessen militärische Dimension die Amerikaner zu neuen Anstrengungen gezwungen hätten, genauso wie der forcierte Ausbau der sowjetischen Marine (Atomunterseeboote) seit Ende der 60er Jahre. Feststeht, daß die Leistungsfähigkeit der sowjetischen Rüstungsindustrie und die Höhe der Militärausgaben in der ganzen Nachkriegsgeschichte der UdSSR in keinem Verhältnis zur Entwicklung der russischen Wirtschaft insgesamt standen.

Andererseits haben Historiker immer wieder darauf hingewiesen, daß der militärisch-industrielle Komplex in den USA zu allen Zeiten ein Interesse daran gehabt habe, die tatsächliche Bedrohung durch den Warschauer Pakt hochzuspielen, gestützt auf konservative Politiker und Geheimdienstleute.

Die "dirty tricks" der 50er und 60er Jahre (z.B. die mißglückte Landung in der kubanischen Schweinebucht während der Amtszeit ☞Kennedys; Inszenierung des Tonking-Zwischenfalls durch die USA unter L.B. Johnson; Unterstützung des Coups gegen Allende in Chile) und die offenen Interventionen der Amerikaner in ihrer Hemisphäre (z.B. Dominikanische Republik, 1962) waren nicht dazu angetan, Vertrauen unter den beiden Weltmächten zu schaffen. Freilich stand in diesem Punkte die UdSSR den USA in nichts nach. Die groß publizierten Missetaten des jeweiligen Gegners verfestigten das Feindbild hüben wie drüben und schafften im Westen ein öffentliches Klima, das immer neue Anstrengungen rechtfertigte, mit dem Gegner "gleichzuziehen", auch wenn damit "überholen" gemeint war (z.B. die Erstschlagsdebatte und "Enthauptungsstrategie" der amerikanischen Sicherheitsberater Pearle und Brezinski im Zusammenhang mit den Mittelstreckenraketen des ☞Doppelbeschlusses).

Die beiden SALT-Abkommen der 70er Jahre mit ihren Obergrenzen für die strategischen Potentiale haben eindeutig keinen mäßigenden Einfluß auf das Wettrüsten gehabt, genauso wie das Konzept des SDI zu Beginn der 80er Jahre und der von manchen amerikanischen Politikern der Reagan-Ära verbreiteten Absichten des Totrüstens des "Reichs des Bösen". Die Beschleunigung der Rüstungsspirale zeitigte nicht nur in der UdSSR schlimme Folgen, die Probleme des amerikanischen Haushaltsdefizits als Erbe der Aufrüstung unter Präsident Reagan sind beträchtlich.

Frage 3:

Was bewegte die USA nach 1945, nicht wieder den Schritt in die Isolation zu vollziehen, wie nach dem 1. Weltkrieg?

Tatsächlich weisen Roosevelts Konzept der "einen Welt" und Wilsons Anregungen zur Schaffung eines Völkerbunds 1917, dem die USA bekanntlich nicht beitraten, Parallelen auf. Im Unterschied aber zur Lage nach dem 1. Weltkrieg, der auf dem europäischen Kontinent nur schwer angeschlagene Nationen übrigließ, einschließlich einer anfänglich sehr instabilen Sowjetunion, zeitigte der 2. Weltkrieg die Etablierung von Einflußsphären, wobei sich in der einen Hälfte Europas bald die Herausbildung einer Hegemonialmacht abzeichnete. Damit sahen die USA sich gezwungen, die westliche Hälfte Europas nicht einfach ihrem Schicksal zu überlassen.

Ein zweiter, nicht zu unterschätzender Punkt lag in der Tatsache, daß die USA sich auch bald in ihren pazifischen Interessenssphären bedroht sahen.

Der Erfolg des von der UdSSR unterstützten Mao Tse-tung machte dies augenfällig. Nicht in Europa, sondern in Asien wurde der Ausbreitung des Kommunismus zweimal mit amerikanischen Waffen entgegengetreten (Korea, Vietnam).

Bezeichnenderweise führte der Versuch der UdSSR, der Bedrohung vor ihrer Haustür (amerikanische Mittelstreckenraketen in der Türkei) eine Bedrohung vor die amerikanische Haustür (sowjetische Raketen auf Kuba) entgegenzustellen zur wohl ernsthaftesten Krise der 60er Jahre. Auch überall dort, wo sich Befreiungsbewegungen der Dritten Welt auf sowjetische Hilfe besannen, suchten die Amerikaner mit wechselndem Erfolg Gegenmaßnahmen zu ergreifen.

Als letzter Punkt sei der ideologische Gegensatz erwähnt, der das Verhältnis der beiden Supermächte bestimmte. Die amerikanischen Vorstellungen von Demokratie und freiem Welthandel, dessen Verlaufsformen sie im Abkommen von Bretton Woods und im GATT-Vertrag 1947 fixiert hatten, waren mit den Absichten der UdSSR nicht zu vereinbaren. Diktatur des Proletariats und Planwirtschaft mit dem Anspruch der Weltrevolution, jedenfalls aber einer führenden Rolle in der Weltpolitik - kontra Demokratie, freie Marktwirtschaft und Selbstbestimmungsrecht der Völker lassen jedenfalls aus der Sicht der 90er Jahre die Konfrontation der beiden Supermächte in den 50er Jahren bis in die 80er Jahre als unauflösbar erscheinen, bis eben eine Weltmacht und die kommunistische Ideologie sich mehr oder weniger auflösten bzw. abdankten, wie im August 1991 geschehen.

Frage 4:

Worin sehen Sie die Ursache dafür, daß sich seit Ende des Kalten Krieges die vielbeschworene "neue Weltordnung" bisher nicht durchgesetzt hat?

Das Ende des Kalten Krieges hat bisher weder die sog. "Friedensdividende" gebracht noch gab die Weltgemeinschaft im Rahmen der UNO überzeugende Antworten auf die zahlreichen militärischen Konflikte und Bürgerkriege seit 1990. Zwar versuchte die UNO unter mehr oder weniger entschiedener Führung der USA in Jugoslawien, Angola, Somalia, Kambodscha, Ruanda, Nordkorea und Haiti zu intervenieren, dauerhafte Lösungen wurden und werden aber nur selten erreicht.

Beobachter sprechen in diesem Zusammenhang von einer *Renationalisierung* der Weltpolitik. Die nationalen und internationalen Konflikte werden nicht mehr dem alles beherrschenden Ost-West-Gegensatz untergeordnet. Ihre Lösung wird vielmehr durch eine Vielzahl gegensätzlicher nationaler Interessen blockiert, wobei die USA zu den entschiedenen Gegnern einer echten, unabhängigen UNO-Streitkraft gehören und Rußland versucht, durch eine zwar bisher kooperative, aber eigenständige Weltpolitik das verlorene Terrain der ehemaligen UdSSR wiederzugewinnen. Die Interessensgegensätze der europäischen Staaten, die noch weit von einer gemeinsamen Außenpolitik entfernt sind, zeigen sich vor allem am Falle des ehemaligen Jugoslawien. Eine entscheidende Frage in diesem Zusammenhang dürfte sein, inwieweit es der NATO als einziger supranationaler Organisation mit militärischer Schlagkraft gelingt, sich als Ordnungsfaktor glaubwürdig zu erhalten und ihre stabilisierende Funktion vor allem auf Osteuropa und andere Teile der Welt auszudehnen.

4.5.4 Bildung und Anwendung historischer Kategorien

Viele historische Diskussionen entzünden sich am Gebrauch von Schlagworten wie "Revolution", "Weltherrschaft" oder "Schuld". Zwar sind diese Wörter umgangssprachlich mehr oder weniger allgemein verständlich, auf einen historischen Kontext bezogen müssen sie aber jeweils wieder genau bestimmt werden.

So ist zum Beispiel sowohl der Unabhängigkeitskampf der Amerikaner gegen die Briten im 18. Jahrhundert als "Amerikanische Revolution" bezeichnet worden, wie natürlich die Ereignisse in Frankreich ab 1789 als "Französische Revolution" Eingang in die Schulbücher fanden. Auf die Wirtschaft bezogen spricht man im 19. Jahrhundert von der "Industriellen Revolution". Ist der Begriff "Revolution" überhaupt auf alle drei Beispiele anwendbar, bzw. wenn ja, was ist die Besonderheit der jeweiligen Revolution, und wo liegen ihre Gemeinsamkeiten?

Vom Schüler wird verlangt, daß er in der Lage ist, solche historische Kategorien zu bilden und anzuwenden. Natürlich wird von Ihnen nicht erwartet, zum Fortschritt der Geschichtswissenschaft beizutragen und selbständig neue Kategorien zu finden. Der Umgang mit diesen Schlagworten sollte jedoch geübt werden, wobei vor allem Begriffsdefinition, differenzierende Anwendung am Beispiel und gegebenenfalls Modifikation (= Anpassung) des Begriffs verlangt werden. Als Übung wollen wir die Kategorie Demokratie wählen. Das Beispiel ist in diesem Kontext passend, weil sowohl die USA als auch die UdSSR sich selbst als Demokratie bzw. Volksdemokratie bezeichnen. Jeder weiß, daß zu Zeiten des Kalten Krieges das gegensätzliche Verständnis von Demokratie einer der Grundlagen des Konflikts war.

In der folgenden Übung sollten Sie aus den beiden Reden und Ihrem historischen Allgemeinwissen das unterschiedliche Demokratieverständnis der USA und der UdSSR charakterisieren.

Stalin zum Verfassungsentwurf der UdSSR, 1936:

Was die Freiheit verschiedener politischer Parteien anbetrifft, so vertreten wir hier einigermaßen andere Ansichten. Die Partei ist ein Teil der Klasse, ihr fortgeschrittener Teil. Mehrere Parteien und folglich auch eine Freiheit der Parteien kann es nur in einer Gesellschaft geben, wo es antagonistische Klassen gibt (...) wo es, sagen wir, Kapitalisten und Arbeiter, Gutsbesitzer und Bauern, Kulaken und Dorfarmut gibt. (...) In der Sowjetunion gibt es nur zwei Klassen, die Arbeiter und die Bauern, deren Interessen einander nicht nur nicht feindlich gegenüberstehen, sondern im Gegenteil miteinander harmonisieren. Folglich gibt es in der Sowjetunion einen Boden nur für eine Partei, die Kommunistische Partei. (...)
Man spricht von Demokratie. Was aber ist Demokratie? Die Demokratie in den kapitalistischen Ländern, wo es antagonistische Klassen gibt, ist in letzter Instanz eine Demokratie für die Starken, eine Demokratie für die besitzende Minderheit. Die Demokratie in der Sowjetunion ist im Gegenteil eine Demokratie für die Werktätigen, d.h. eine Demokratie für alle. (...) Deshalb glaube ich, daß die Verfassung der UdSSR die einzige bis zum letzten demokratische Verfassung der Welt ist. (...)

Aus den Grundrechten von Virginia (Virginia Bill of rights), 1776:

1. Alle Menschen sind von Natur aus in gleicher Weise frei und unabhängig und haben unveräußerlicher Rechte, namentlich auf Genuß von Leben und Freiheit (..). Eigentum (...) Glück (...) und Sicherheit.
2. Alle Gewalt geht vom Volke aus. Behörden sind nur seine Treuhänder und Diener und sind ihm jederzeit verantwortlich.
3. Also ist Regierung für das allgemeine Beste, den Schutz und die Sicherheit von Volk, Nation und Gemeinschaft da. (...)
5. Die gesetzgebende und ausführende Gewalt des Staates sollen von der richterlichen Gewalt getrennt und unterschieden werden. (...)

6. Wahlen von Vertretern des Volkes für die allgemeine Versammlung müssen frei sein. (...)
12. Die Freiheit der Presse ist eines der stärksten Bollwerke jeder Freiheit. Wer sie einschränkt, übt einen Akt der Despotie aus. (...)
16. Religion und ebenso ihre Ablehnung ist an vernünftige Überzeugung gebunden, nicht an Zwang und Gewalt. Und deshalb sind alle Menschen zu freier Religionsaussübung ermächtigt.

Aufgabe:

Charakterisieren Sie die unterschiedliche Auffassung von Demokratie in den beiden Texten! Belegen Sie Ihre Thesen mit Ihnen bekannten Tatsachen aus der Verfassungswirklichkeit der beiden betroffenen Staaten!

Folgende Arbeitsschritte sind nun zu empfehlen:

1. Zunächst sei an die allgemein gebräuchliche Übersetzung des Worts "Demokratie" erinnert: "Volksherrschaft", also die Herrschaft des Volkes durch wie auch immer gewählte Vertreter über sich selbst. Mit dieser vorläufigen Definiton der Kategorie kann man sich nun den beiden Texten als erster Arbeitsschritt annähern.

2. In Stalins Text wird diese Volksherrschaft als Herrschaft der Kommunistischen Partei definiert. Als Begründung führt er die Existenz eines allgemeinen Interesses an, nämlich das der beiden harmonisierenden Klassen der "Arbeiter und Bauern" (Z. 7ff.). Nur dieses Interesse ist staatlich anerkannt, die Interessen anderer Schichten oder Klassen werden explizit ausgeschlossen, ihre Vertretung verboten. Die Menschenrechte sind zwar teilweise - vor allem unter Ausschluß des Rechts auf Eigentum - formal anerkannt, da aber nur der von der Partei als Interesse der Arbeiter- und Bauernklasse definierte Maßstab Anerkennung findet, folgt, daß allgemeine Meinungs-, Presse- und Religionsfreiheit nicht garantiert werden. Die Gewaltenteilung erübrigt sich, weil es eine Identität von Volk und der die Staatsmacht stellenden Partei gibt.
Der "Werktätige" ist aufgerufen, sich in der Kommunistischen Partei zu engagieren. Als Parteimitglied ist er an der Herrschaft beteiligt. Was der Text nicht aussagt ist, daß diese Mitarbeit im Geist des "demokratischen Zentralismus" zu erfolgen hat. Damit wird dem Politbüro der Partei und ihrem Generalsekretär die Definition der anstehenden parteilichen und damit staatlichen Maßgaben überlassen, die die Partei bis zum letzten

Parteimitglied vertreten. Initiativrechte von der Parteibasis aus sind nur unter Berufung auf diese Maßgaben möglich, etwa wenn ein Parteimitglied einen Funktionär der Mißachtung dieser Richtlinien überführen kann. Die sich daraus ergebende demokratische Praxis ist bekannt: Andersdenkende werden verfolgt, ihre Interessen haben keine Chance auf Artikulation, weil es sie offiziell gar nicht gibt in einem Staat, der angeblich konkurrierende Interessen aufgehoben hat. Dieser innersowjetischen Definition von Demokratie entsprechen die Modelle, die die UdSSR auch in den Volksdemokratien Osteuropas durchzusetzen halfen, wenn auch mit gewissen Abweichungen: Die unter dem Namen "Blockparteien" bekannte Parteienvielfalt in verschiedenen osteuropäischen Ländern sorgte nur nominell für Pluralismus im westlichen Sinne. Wie auch immer ihre Regierungsmitverantwortung aussah, sie mußten sich alle zu dem Staatsziel "Sozialismus" bekennen.
Die Verfassung von Virginia definiert anders als die UdSSR "Volk" unterstelltermaßen als Gesamtheit der Bürger, deren Interessen frei von staatlicher Bevormundung sind: "Recht (...) von Leben und Freiheit (...) Eigentum (...), Glück (...) und Sicherheit." Damit sind alle möglichen Auffassungen anerkannt, sie haben ein Recht auf Vertretung in freien Wahlen (§6) und in Presse und öffentlicher Meinung (§12). Das Recht auf Eigentum unterstreicht die Tatsache, daß in dieser Form der Demokratie nicht wirtschaftliche Gleichheit, sondern politische und rechtliche Gleichheit garantiert ist. Um dem Machtmißbrauch durch die Regierung vorzubeugen, institutionalisiert die Demokratie die Gewaltenteilung der Staatsgewalt in Legislative, Exekutive und Judikative (§5).
Die innenpolitische Praxis der Vereinigten Staaten spiegelt diese Kernpunkte wider: Der mit großer Machtfülle ausgestattete Präsident - seine Stellung wird im Verfassungsausschnitt nicht angesprochen - wird vom Kongreß kontrolliert, sein Vetorecht der Legislative gegenüber hat nur aufschiebende Wirkung. Er selbst, die Senatoren und Vertreter im Repräsentantenhaus werden direkt vom Volk in freien, geheimen und allgemeinen Wahlen bestellt. Die Grundrechte werden garantiert.
Das Kernstück "freie Wahlen" machten die USA wiederholt zum Prüfstein für ihr Verhalten gegenüber ausländischen Regierungen bzw. zum (offiziellen) Grund für massive Interventionen in die Angelegenheiten anderer Nationen (Philippinen, Afghanistan, Grenada und Nicaragua als ein paar Beispiele aus den 80er Jahren). Der zweite Arbeitsschritt beinhaltet also die Anwendung des Begriffs Volksherrschaft auf die beiden Texte unter Einschluß dessen, was man über die demokratische Praxis der USA und UdSSR sonst noch weiß.

3. Zusammenfassung: Während Volksherrschaft in den USA die Anerkennung der verschiedenen Interessen der Staatsbürger heißt und ihre Beteiligung am politischen Leben garantiert, bestimmt die Verfassung der UdSSR die Einheit des individuellen Interesses von Volk, Partei und Staat. Daraus folgt, daß nur dieses von der Partei bestimmte Interesse verfolgt werden darf, und zwar innerhalb der Partei als Organ der politischen Wünsche der Werktätigen.

Besonders schwierig ist bei dieser Aufgabenart der relativ hohe Abstraktionsgrad. Um so wichtiger sind eindeutige Ausdrucksweise und die richtige Anwendung von Fachvokabular, genauso wie eine klare Gliederung.

4.5.5 Übungen

Aus dem neuen Programm der KPdSU vom Oktober 1961:

Die Hauptfrage der Gegenwart ist die von Krieg und Frieden. Die einzige Quelle der Kriegsgefahr ist der Imperialismus. Verbreitete der Kapitalismus seine Herrschaft mit Feuer und Schwert, so braucht der Sozialismus keine Kriege, um seine Ideale zu verbreiten. Seine Waffe ist die Überlegenheit über die alte Ordnung in der Organisation der Gesellschaft, in der Staatsordnung, in der Wirtschaft, in der Hebung des Lebensniveaus und der geistigen Kultur. Der Sozialismus weist der Menschheit das einzig vernünftige Prinzip der zwischenstaatlichen Beziehungen zu einer Zeit, da die Welt in zwei Systeme geteilt ist: das von W.I. Lenin entwickelte Prinzip der friedlichen Koexistenz von Staaten mit unterschiedlicher Gesellschaftsordnung. Bei friedlicher Koexistenz hat die Arbeiterklasse der kapitalistischen Länder günstigere Kampfmöglichkeiten, fällt es den Völkern der kolonialen und abhängigen Länder leichter, für ihre Befreiung zu kämpfen. Alle Organisationen und Parteien, die nach Abwendung des Krieges streben, alle neutralistischen und pazifistischen Bewegungen und die bürgerlichen Kreise, die für Frieden und normale Beziehungen zwischen den Ländern eintreten, werden bei der Sowjetunion Verständnis und Unterstützung finden. Die KPdSU und das ganze Sowjetvolk werden auch künftig gegen alle und jegliche Annexionskriege Stellung nehmen. darunter gegen Kriege unter kapitalistischen Staaten und gegen lokale Kriege, die darauf abzielen, Volksbewegungen abzuwürgen.

(aus: A. Gerigk, Deutschland und das Weltgeschehen 1961, Konstanz 1962, S.108, zitiert nach: Grundzüge der Geschichte, Vom Zeitalter der Aufklärung bis zur Gegenwart, Quellenband II, Verlag Moritz Diesterweg, Frankfurt a.M., 1972)

Franklin D. Roosevelt in seiner "Four Freedom" Rede, 1941:

(...) Kein realistischer Amerikaner kann vom Frieden eines Diktators internationale Großzügigkeit, oder Rückkehr zu wahrer Unabhängigkeit oder weltweite Abrüstung oder Meinungs- und Glaubensfreiheit oder auch nur gute Geschäfte erwarten.
Solch ein Friede würde keine Sicherheit für uns oder unsere Nachbarn bringen. Diejenigen, welche die lebensnotwendige Freiheit aufgeben, um sich ein wenig vorübergehender Sicherheit zu erkaufen, verdienen weder Freiheit noch Sicherheit! (...)
Für die Zukunft, die wir sicher gestalten wollen, freuen wir uns auf eine Welt, die auf vier lebensnotwendigen menschlichen Freiheiten aufbaut. Die erste ist Meinungs- und Redefreiheit - überall auf der Welt. Die zweite ist die Freiheit jeder Person, Gott auf seine Weise zu verehren - überall auf der Welt.
Die dritte ist die Freiheit von Not - was auf internationale Ebene übertragen wirtschaftliche Abkommen bedeutet, die jeder Nation und ihren Angehörigen ein gesundes Leben in Frieden garantiert - überall auf der Welt.
Die vierte ist die Freiheit von Furcht - was auf internationale Ebene übertragen eine weltweite Abrüstung bis auf einen solchen Punkt und so gründlich bedeutet, daß keine Nation in der Lage sein wird, einen Akt physischer Aggression gegen irgendeinen Nachbarn zu begehen - irgendwo in der Welt.
Das ist keine Vision für ein entferntes Zeitalter. Dies ist eine bestimmte Basis für eine Welt, die in unserem Zeitalter und während unserer Generation erreichbar ist. So eine Welt ist genau das Gegenteil der sogenannten Neuen Ordnung der Tyrannei, welche die Diktatoren mit den Detonationen der Bomben zu schaffen suchen. (...)
Freiheit heißt die Herrschaft der Menschenrechte überall.
Für diese hohe Vision gibt es kein Ziel außer den Sieg.

(aus: Heffner Richard D. (ed.), A Documentary History of the United States, New York, 1976, p. 290-297. Von den Autoren aus dem Englischen übersetzt)

Aufgaben:

1. Welche Vorstellungen von "Weltfrieden" liegen den beiden Texten zugrunde?
2. Versuchen Sie, diese Vorstellungen in der praktischen Politik der USA und UdSSR nach dem 2. Weltkrieg nachzuweisen!

4.6 Weimarer Republik und Nationalsozialismus

4.6.1 Datenblatt

Weimarer Republik:

1918-1919	*Konstituierung der Republik:*
1918	9.11. Abdankung Kaiser Wilhelms II., Friedrich Ebert wird Reichskanzler, Ausrufung der Republik durch Scheidemann und Liebknecht
	10.11. Rat der Volksbeauftragten übernimmt Regierungsgewalt, Pakt zwischen Ebert und Groener sowie Stinnes-Legien Abkommen
	11.11. Unterzeichnung des Waffenstillstandes in Compiègne
	16.-20.12. Reichskonferenz der Arbeiter- und Soldatenräte in Berlin: Beschluß zur Wahl einer Nationalversammlung
1919	6.-12.1. Spartakusaufstand
	19.1. Wahl der Nationalversammlung: Zusammentritt in Weimar, Wahl Friedrich Eberts (1919-1925) zum Reichspräsidenten, Regierung der Weimarer Koalition (SPD, Zentrum, DDP), Beratung der Verfassung
	28.6. Unterzeichnung des Friedensvertrages im Spiegelsaal des Versailler Schlosses
	11.8. Weimarer Verfassung tritt in Kraft
1919-1923	*Krisenjahre der Weimarer Republik:*
	Ablehnung der Republik durch große Teile des Bürgertums und die "unpolitische" Reichswehr, Räterepublik in Bayern (April 1919), Unruhen durch extreme Rechte und Linke, politische Morde an Eisner, Erzberger und Rathenau, separatistische Bestrebungen
1920	13.-16.3. Kapp-Lüttwitz-Putsch
1921	5.5. Londoner Ultimatum zur Annahme des Reparationsplanes: 132 Mrd. Mark
1922	16.4. Vertrag von Rapallo zwischen Deutschland und der UdSSR
1923	Höhepunkt der Krise: Ruhrbesetzung (11.1.1923) und passiver Widerstand, Hyperinflation (Nov. 1923: 1 $ = 4,2 Bio. Mark),

	Hitler-Ludendorff-Putsch in München (8./9.11.1923), Überwindung der Krise durch Stabilisierung der Währung (Rentenmark), Wandlungen in der Innenpolitik, neue Ära in der Außenpolitik: Gustav Stresemann
1924-1930	*Festigung der Weimarer Republik:*
1924	29.8. Reichstag nimmt Dawes-Plan an
1925	26.4. Wahl Hindenburgs zum Reichspräsidenten
	5.-16.10. Konferenz in Locarno: Locarno-Pakt
1926	24.4. Berliner Vertrag
	8.9. Aufnahme Deutschlands in den Völkerbund
1927	16.7. Gesetz zur Arbeitsvermittlung und Arbeitslosenversicherung
1928	27.8. Unterzeichnung des Briand-Kellog-Paktes: Ächtung des Angriffskrieges
1929	24./25.10 Börsenkrach in New York: Beginn der Weltwirtschaftskrise
1930-1933	*Niedergang der Weimarer Republik:*
1930	27.3. Rücktritt der Regierung Müller: Ende der parlamentarischen Republik
	28.3. Präsidialkabinett unter Reichskanzler Heinrich Brüning (Zentrum)
	14.9. Reichtagswahlen: NSDAP wächst von 12 auf 107 Mandate
1931	11.10. NSDAP, DNVP und Stahlhelm schließen Zweckbündnis: Harzburger Front
1932	10.4. Hindenburgs Wiederwahl zum Reichspräsidenten im zweiten Wahlgang, Konkurrent Hitler
	30.5. Entlassung Brünings: "100 Meter vor dem Ziel"
	1.6. Franz von Papen wird zum Reichskanzler ernannt: Präsidialkabinett
	16.6.-9.7. Konferenz von Lausanne: Beendigung der Reparationszahlungen
	20.7. Staatsstreich Papens in Preußen: "Preußenschlag"
	31.7. Reichstagswahlen: spektakulärer Wahlerfolg der NSDAP, zusammen mit KPD negative Mehrheit im Reichstag
	6.11. Reichstagswahlen: Verluste für NSDAP
	2.12. Kurt von Schleicher neuer Reichskanzler: Präsidialkabinett
1933	30.1. Berufung Adolf Hitlers zum Reichskanzler: Präsidialkabinett

Nationalsozialismus:

1933-1934	*Etablierung des Führerstaates:*
1933	28.2. Reichstagsbrandverordnungen: grundlegendes Ausnahmegesetz für das Dritte Reich
	5.3. Reichstagswahlen: NSDAP erreicht nicht die absolute Mehrheit
	23.3. "Ermächtigungsgesetz" wird vom Reichstag verabschiedet: Ausschaltung des Parlaments, Übergang der gesetzgebenden Gewalt auf die Exekutive, in der Folge: Gleichschaltung der Länder, Auflösung der Parteien, Säuberungen in öffentlicher Verwaltung, Gleichschaltung von Gewerkschaften, Vereinen, Verbänden, Presse
1934	30.6.-2.7. "Röhm-Putsch": Ermordung der SA-Führung und politischer Gegner
	2.8. Hitler übernimmt auch das Amt des Reichspräsidenten, Vereidigung der Wehrmacht auf "Führer und Reichskanzler Adolf Hitler"

1933-1939	*Die NS-Außenpolitik:*
1933	20.7. Abschluß des Konkordates zwischen dem Deutschen Reich und dem Vatikan
	14.10. Austritt Deutschlands aus dem Völkerbund und Verlassen der Abrüstungskonferenz
1934	26.1. Nichtangriffspakt zwischen Deutschland und Polen auf 10 Jahre
1935	13.1. Volksabstimmung im Saargebiet: 90,67 % für Rückkehr zum Reich
	16.3. Einführung der allgemeinen Wehrpflicht entgegen dem Versailler Vertrag
	18.6. Deutsch-englisches Flottenabkommen
1936	7.3. Einmarsch deutscher Truppen in das entmilitarisierte Rheinland: Bruch des Locarno-Vertrages
	1.11. Mussolini verkündet in Mailand die "Achse Berlin-Rom"
	25.11. Abschluß des Antikominternpaktes zwischen Deutschland und Japan
1937	6.11. Beitritt Italiens zum Antikominternpakt
1938	4.2. Hitler übernimmt Oberbefehl über die Wehrmacht
	13.3. Anschluß Österreichs ans Deutsche Reich
	29.9. Münchner Abkommen: Sudetengebiete an Deutschland

1939	16.3. Hitler verkündet in Prag die Schaffung des "Reichsprotektorates Böhmen und Mähren"
	23.3. Einmarsch deutscher Truppen in das Memel-Gebiet
	22.5. "Stahlpakt": Militärbündnis zwischen Deutschland und Italien
	23.8. "Hitler-Stalin-Pakt": Deutsch-sowjetischer Nichtangriffsvertrag mit geheimem Zusatzprotokoll
	1.9. Deutscher Angriff auf Polen
	3.9. Großbritannien und Frankreich erklären Deutschland den Krieg
1933-1939	*NS-Innenpolitik:*
1933	Juni und September: Gesetze zur Verminderung der Arbeitslosigkeit: Arbeitsbeschaffungsmaßnahmen, Unternehmen Reichsautobahnbau; gleichzeitig gesellschaftliche Gleichschaltung und Massenmobilisierung; Kultur zum Zwecke der Propaganda; Zerschlagung der unabhängigen Justiz
1934	24.10 Zusammenfassung aller "Schaffenden" in der "Deutschen Arbeitsfront" (DAF)
1935	16.9. "Nürnberger Gesetze": Rassengesetze
1936	1.8. Beginn der Olympischen Spiele in Berlin
	1.12. "Gesetz über die Hitlerjugend": Erfassung aller Jugendlichen in der NS-Jugend
1938	9.11. "Reichskristallnacht": Progrom gegen die jüdische Bevölkerung
1939-1945	*Der Zweite Weltkrieg:*
1939	1.-28.9. Eroberung Polens
1940	9.4. Deutscher Überfall auf Dänemark und Norwegen
	10.5. Beginn des Westfeldzugs
1941	22.6. Deutscher Überfall auf die Sowjetunion
	11.12. Kriegserklärung Deutschlands und Italiens an die USA
1942	20.1. "Wannsee-Konferenz" zur "Endlösung der Judenfrage"
1943	2.2. Kapitulation der deutschen 6. Armee in Stalingrad
	18.2. Goebbels erklärt den "totalen Krieg"
1944	6.6. Landung alliierter Truppen in der Normandie
	20.7. Attentatsversuch auf Hitler
1945	8.5. Bedingungslose Kapitulation Deutschlands

Internetadressen zum Holocaust:

http://www.wiesenthal.com	Homepage von Simon Wiesenthal
http://jefferson.village.virginia.edu/ holocaust/response.html	Informationen zum Holocaust
http://homepages.muenchen.org/ bm374879/holocaust/shprojekt.htm	Shoah-Projekt
http://jefferson.village.edu/holocaust/ virtualauschwitz.html	Auschwitz
http://www.fes.gmd.de/news/schweigen/ Schweigen.html	Informationen zum Holocaust
http://www.almanac.bc.ca/	Informationen zum Holocaust
http://br.gmd.de	Überleben im Konzentrationslager

4.6.2 Reproduktionsfragen

1. Was waren Anlaß und Ursachen der deutschen Revolution im November 1918?
2. Welche grundlegenden Vorstellungen über die politisch-soziale Ordnung gehören zum Rätesystem?
3. Vor welchen Problemen stand die junge Republik in den Anfangsjahren?
4. Welche Kompetenzen kamen nach der Weimarer Verfassung dem Reichspräsidenten, der Reichsregierung, dem Reichsrat und dem Reichstag zu?
5. Inwiefern war 1923 ein "Schicksalsjahr" der Weimarer Republik?
6. Welche Rolle spielte die Reichswehr in der Weimarer Republik?
7. Welches waren die wichtigsten außenpolitischen Ziele und Erfolge der Weimarer Republik?
8. Was ist gemeint, wenn man von den "goldenen 20er Jahren" spricht?
9. Welche Bedeutung hatte die Weltwirtschaftskrise für die Zuspitzung der innenpolitischen Auseinandersetzung in Deutschland?
10. Warum ist die Demokratie von Weimar gescheitert?
11. Aus welchen Elementen besteht die NS-Ideologie?
12. Wie ist der Aufstieg der NSDAP zu erklären?

13. Aus welchen sozialen und beruflichen Gruppen stammten vornehmlich die Mitglieder der NSDAP?
14. Welche Rolle spielte die Großindustrie beim Aufstieg der NSDAP?
15. In welchen Etappen wurde der "Führerstaat" errichtet?
16. Wie läßt sich die Wirtschaftspolitik des Dritten Reiches charakterisieren?
17. Wie läßt sich die Duldung oder Unterstützung der Judenverfolgung durch einen großen Teil der deutschen Bevölkerung erklären?
18. Mit welchen Mitteln suchte Hitler seine Eroberungspolitik vorzubereiten und durchzusetzen?
19. Was ist unter Appeasement-Politik zu verstehen?
20. Vor welchen Schwierigkeiten stand der deutsche Widerstand?
21. Welche Motive bestimmten Hitler bei seinem Entschluß, die Sowjetunion anzugreifen?
22. Inwieweit bedeutete der Nationalsozialismus einen Bruch in der deutschen Geschichte?

4.6.3 Historische Fragestellungen - Erläuterungen

Der historischen Forschung über den Zeitraum von 1918 bis 1945 geht es längst nicht mehr nur um die Rekonstruktion des Geschehens aus den Quellen. Die Fakten liegen offen, große neue Entdeckungen sind nicht zu erwarten. Worüber gestritten wird, ist die Einordnung des einzelnen Ereignisses in die Geschichte des deutschen Nationalstaates, sind die Deutung und Beurteilung der Vorgänge unter immer neuen Fragestellungen und Perspektiven.

Kaum eine andere deutsche Geschichtsepoche wurde über Jahrzehnte hinweg mit so unterschiedlichen Meinungen und Methoden untersucht: In den sechziger Jahren z.B. verlagerte sich das Interesse teilweise von der Staats- und Verfassungsgeschichte zur Sozial- und Wirtschaftsgeschichte. Mit sozialwissenschaftlichen Methoden wurden Wählerwanderungen in der Weimarer Republik, die sozialen Konsequenzen der Inflation von 1923 für das Kleinbürgertum, die Entwicklung der Mitgliederstruktur der NSDAP oder die ökonomische Situation in der Folge der Weltwirtschaftskrise erforscht.

Unter dem Einfluß des Ost-West-Gegensatzes entwickelte sich die Theorie vom Totalitarismus, worunter ohne genaue Unterscheidung Nationalsozialismus und Kommunismus zusammengefaßt wurden. Die Hitler-Forschung endlich stellte viele Fragen, die bis heute nicht endgültig beantwortet wurden:

1. War Hitler ein "prinzipienloser Opportunist", oder hielt er unbeirrbar an seinen frühen Programmvorstellungen fest, die er schon in "Mein Kampf" formulierte (= Problem der Programmorientierung)?
2. War Hitlers Herrschaft tatsächlich "monokratisch", oder gab es autonome und konkurrierende Entscheidungszentren? War der "Führerstaat" ein Mythos und "Kompetenzenwirrwarr" die Realität?
3. Ist die NS-Wirtschaftspolitik als eine der "positiven Leistungen Hitlers" anzusehen, oder waren die Nationalsozialisten nur die Nutznießer einer ohnehin schon abklingenden weltwirtschaftlichen Krise und zudem der Produktionsaufschwung nur der einseitigen Förderung des Rüstungssektors zu verdanken?
4. War der Holocaust ein in der Weltgeschichte einmaliger Vorgang, oder ist Hitlers Rassenmord vergleichbar mit Stalins Klassenmord, von letzterem sogar erst ausgelöst, eine These, die den hitzigen Historikerstreit von 1986 provozierte?
5. Wie ist die Schuld des Durchschnittsdeutschen am Holocaust zu beurteilen? Läßt sich die Schuld auf einige zehntausend Haupttäter begrenzen, oder ermöglichte ein spezifisch deutscher Antisemitismus unter Beteiligung oder Mitwisserschaft der ganzen Bevölkerung erst den Massenmord (Goldhagen-These)?
6. War Hitlers Weg in den Krieg eine kurzfristige "Flucht nach vorn" aus einer unlösbaren innenpolitischen Krise (= Krisentheorie), oder aber muß die gesamte Politik des Dritten Reiches als Vorbereitung auf den Krieg angesehen werden?
7. Besteht zwischen den außenpolitischen Zielsetzungen Hitlers und denen der preußisch-deutschen Geschichte eine Kontinuität? Bedeutet Hitlers Politik einen Bruch oder nur die etwas radikalere Variante der deutschen Außenpolitik (= Problem der Kontinuität oder Diskontinuität)?
8. Gab es eine weltpolitische Dimension in den Zielvorstellungen Hitlers (= globalistischer Ansatz), oder aber blieb Hitlers Denken auf Europa zentriert (= kontinentalistischer Ansatz), d.h. allein fixiert auf die Gewinnung von "Lebensraum im Osten"? Bestand ein "Fahrplan zur Weltherrschaft"?
9. Welchen Anteil an der "Entfesselung" des Zweiten Weltkrieges hat die Appeasement-Politik des Westens, und wie muß in diesem Zusammenhang der Hitler-Stalin-Pakt beurteilt werden? Wie eindeutig läßt sich die Schuldfrage am Zweiten Weltkrieg beantworten?

10. Gerade die Person Adolf Hitlers rührte immer wieder auch an die alte Frage nach "Freiheit und Notwendigkeit", nach dem Rang der Einzelpersönlichkeit im geschichtlichen Ablauf. Kann Hitler zureichend als Repräsentant einer gesellschaftlichen Schicht, als Werkzeug bestimmter Machteliten beschrieben werden? Muß man sich andererseits nicht auch vor einer "Dämonisierung" Hitlers hüten, einer personalistischen Sicht, die leicht dazu führen kann, die Deutschen von der Verantwortung freizusprechen?

Wie war es möglich? Vor dieser Frage steht nicht nur die historische Forschung. Wie war es möglich, daß die erste deutsche Demokratie so klaglos sich ergab? Und wie war es möglich, daß sich ein zivilisiertes Volk freudig der Gewaltherrschaft beugte und ihr diente?

4.6.4 Beurteilung und Diskussion historischer Fragen

Bei vielen Abiturprüfungen im Fach Geschichte steht die Epoche der Weimarer Republik und des Nationalsozialismus im Mittelpunkt. Das hängt sicher damit zusammen, daß der Zeitraum von 27 Jahren scheinbar leicht zu überblicken ist, die Quellen zahlreich, vielfältig und meist leicht zugänglich, die Folgen dieser Epoche heute noch überall zu spüren sind und die wissenschaftliche Diskussion kontroverse Ergebnisse zu Tage förderte, die zu Stellungnahmen reizen.

Gerade hier wird vom Abiturienten nicht eine eigene neue wissenschaftliche Theorie erwartet, sondern vielmehr die Vertrautheit mit unterschiedlichen Positionen, die Fähigkeit zu einer abwägenden Urteilsbildung und schlüssigen Argumentation. Die folgenden Beispiele sollen dazu Anregungen und Hilfen bieten. Auf fertig formulierte Antworten wurde bewußt verzichtet. Wert wurde darauf gelegt, den zu betrachtenden Sachverhalt in den geschichtlichen Zusammenhang zu stellen.

Frage 1:

Wie ist die Novemberrevolution zu bewerten?
(Überlegungen zum Lösungsweg: Zunächst gilt es, den Begriff "Novemberrevolution" und die Vorgeschichte des Ereignisses zu klären. Danach soll

die Besonderheit dieser Revolution dargestellt werden. In einem dritten Schritt kann die Bedeutung des revolutionären Geschehens für die Geschichte der Weimarer Republik erläutert werden.)

1. Die Novemberrevolution ereignete sich nicht voraussetzungslos: Zu ihrer Vorgeschichte gehören:
   a) die Verfassungsentwicklung in Deutschland während des 1. Weltkrieges: von der konstitutionellen Monarchie zur Militärdiktatur der OHL bis zur parlamentarischen Monarchie nach der Verfassungsreform im Oktober 1918,
   b) die aussichtslose militärische Lage für Deutschland und seine Verbündeten, die zu den Initiativen der OHL für die Aufnahme von Waffenstillstandsverhandlungen und Parlamentarisierung des politischen Lebens führte,
   c) soziale Gegensätze des Kaiserreichs, die sich als Kriegsfolge immer mehr zuspitzten, in Streiks zeigten und schließlich in Unruhen und Kriegsmüdigkeit mündeten,
   d) das Zerbrechen der Illusionen über einen ehrenvollen Frieden, wie es sich aus dem Notenwechsel der deutschen Regierung mit dem amerikanischen Präsidenten Wilson ergab und dem Gedanken eines Verzweiflungskampfes neue Nahrung gab.

Strenggenommen umfaßt der Begriff "Novemberrevolution" jene 12 Tage, vom 29.10.1918, als Matrosen und Heizer auf einzelnen deutschen Kriegsschiffen gegen den Befehl der Admiralität meuterten, am nächsten Tag auszulaufen, und dem 9.11.1918, dem Tag der Ausrufung der deutschen Republik. Freilich war damit der revolutionäre Prozeß nicht abgeschlossen.

2. Die Besonderheiten der deutschen Revolution von 1918 lassen sich leicht erfassen, wenn man sie mit der Französischen Revolution von 1789 und der Russischen Oktoberrevolution von 1917 vergleicht:
   a) Die deutsche Revolution beginnt als Meuterei, sie weitet sich aus zu einer Militärrevolte; sie hat zunächst keine Ideologie oder klare politische Zielvorstellungen.
   b) Es fehlt ihr lange Zeit eine geistige und politische Führungselite; einzelne Vertreter der USPD und SPD "springen auf den fahrenden Zug"; sie ist nicht geplant.
   c) Die Novemberrevolution ist ein "Zufallsprodukt", eine "Revolution aus Versehen" (W. Rathenau): in der Art ihrer Ausbreitung, in der allmählichen Aufnahme revolutionärer Forderungen und der personellen Zusammensetzung der Räte.

d) Sie bleibt "unvollendet", da die alten Machteliten in der Staatsverwaltung, der Justiz, der Wirtschaft und dem Heer erhalten bleiben, der revolutionäre Elan angesichts der sozialen Situation rasch schwindet, das Bürgertum weitgehend passiv bleibt und die eigentlichen sozialen Mißstände nicht beseitigt werden.

3. Die Revolution selbst wurde während der Weimarer Republik zu einem emotionsgeladenen Gegenstand der politischen Auseinandersetzung. Sie wurde zum Anlaß für die Verketzerung der demokratischen Kräfte von rechts unter der Bezeichnung "Novemberverbrecher" und von links als "Arbeiterverräter". Aus der Gleichzeitigkeit von Kriegsende und Revolution wuchs schließlich der "Dolchstoßlegende" an Glaubwürdigkeit beim national gesinnten Bürgertum zu.

Frage 2:

Wie ist der Versailler Friedensvertrag zu beurteilen?

(Überlegungen zum Lösungsweg: Auch hier dürfte es von Vorteil sein, zunächst den Vertrag in den geschichtlichen Kontext einzufügen. Dann sind die wesentlichen Inhalte kurz darzulegen. Am Schluß kann auf nun gesicherten Grundlagen die Beurteilung versucht werden.)

1. Gerecht kann der Versailler Friedensschluß nur beurteilt werden, wenn in Betracht gezogen werden:
   a) das Ausmaß an Opfern, die dieser erste tatsächliche Weltkrieg forderte,
   b) die Tatsache der Niederlage Österreichs und Deutschlands, obwohl zum Zeitpunkt des Waffenstillstands kein fremder Soldat auf deutschem Boden stand,
   c) der Umfang und die Qualität der imperialistischen Kriegsziele beider Seiten und die Wirksamkeit der Kriegspropaganda, woraus sich nun ein Erwartungsdruck gegenüber den beteiligten Staatsmännern ergab,
   d) die unterschiedliche Interessenlage der Siegermächte:
   Frankreich: Revanche, Sicherheitsbedürfnis, Hegemonialanspruch,
   England: Gleichgewicht durch "begrenzte Gegengewichte",
   USA: Nichtunterzeichnung des Vertrages, Ausscheren aus der Siegerkoalition,

e) die Tradition der europäischen Friedensschlüsse, die alle der Vorstellung von einem "Verständigungsfrieden" nicht entsprachen, zuletzt etwa auch der Frieden von Brest-Litowsk vom 3.3.1918, den die Mittelmächte der Sowjetunion aufzwangen.

2. Das umfangreiche Vertragswerk enthält an wesentlichen Bestimmungen:
   a) Entwaffnung und einseitige Abrüstung Deutschlands,
   b) Gebietsabtretungen: 13% an Staatsgebiet, 10% an Bevölkerung, Verlust der Kolonien,
   c) Entmilitarisierung und Besetzung des Rheinlandes,
   d) Reparationsleistungen, deren Höhe allerdings erst noch festgelegt werden sollte,
   e) die "Ehrenpunkte": Auslieferung der Kriegsverbrecher, darunter auch des Kaisers, (Art. 228) und Kriegsschulderklärung (Art. 231).

Die materiellen Bestimmungen, vor allem die Gebietsverluste im Osten, die anfangs unmäßigen Reparationsforderungen, die Beschneidungen der Souveränität und die Beschränkungen der Wehrhoheit lasteten schwer auf der jungen Republik. Noch bedeutsamer für die von allen Weimarer Parteien geforderte "Revision" aber waren wohl die "ideellen" Regelungen: die Alleinschuld Deutschlands am Ausbruch des Krieges, die geforderte Auslieferung der Kriegsverbrecher, die allerdings nicht durchgesetzt wurde, und der Charakter des "Diktatfriedens", des "Schmachfriedens". Daraus gewannen die Rechtsparteien den entscheidenden Ansatzpunkt für die Diffamierung der Demokratie und der den Vertrag unterzeichnenden "Erfüllungspolitiker".

3. An Gesichtspunkten zur Beurteilung des Vertrages lassen sich zusammentragen:
   a) Der Versailler Friedensvertrag belastete die Innen- und Außenpolitik der Weimarer Republik, er ist jedoch nicht *die* Ursache für den Niedergang der Demokratie und das Aufkommen des Nationalsozialismus, zumal 1933 bereits wichtige Bestimmungen des Vertrages überholt waren, z.B. das Reparationsproblem (Lausanne 1932).
   b) Der Versailler Friedensvertrag kann auch nicht dafür herangezogen werden, Hitlers Weg in den Krieg zu rechtfertigen. Die Ziele der NS-Außenpolitik gehen weit über die "Revision" hinaus.
   c) Die Friedensverträge von Versailles und St. Germain erschwerten ohne Zweifel das Zusammenwirken der europäischen Staaten in den 20er Jahren: Die Verträge blieben internationale Streitpunkte, da die

Forderung nach "Revision" und das starre Festhalten aufeinanderprallten. Nationalistische Strömungen bei Siegern und Besiegten fühlten sich ermuntert. Die wirtschaftliche Wiedergesundung Europas wurde durch die Verknüpfung von Reparationen und Kriegsschulden verzögert. Abrüstungsbestrebungen scheiterten. Der Völkerbund, dessen Satzung Teil I. des Versailler Vertrages bildete, konnte die ihm zugedachte Aufgabe nur unvollkommen erfüllen.

d) Eine gemäßigte Beurteilung des Versailler Vertrages setzte sich erst nach dem 2. Weltkrieg durch: Die Schuldfrage am 1. Weltkrieg wird im europäischen Ausland heute differenziert betrachtet. Aus den Folgen des Vertrages wurden für die praktische Politik nach 1945 Schlüsse gezogen. Aus deutscher Sicht erscheint der Vertrag nicht unbedingt mehr als ungerecht und unmäßig.

Frage 3:

Worin sehen Sie die Gründe für das Scheitern der Weimarer Republik?

(Überlegungen zum Lösungsweg: Bei dieser Aufgabenstellung reicht es nicht aus, die Gründe einfach aufzuzählen. Verlangt wird hier eine Erläuterung der einzelnen Gesichtspunkte und deren geordnete Wiedergabe. Das wesentliche Anforderungsmerkmal aber ist Ihre persönliche Gewichtung der Gründe, die mit Sachargumenten gestützt werden sollte. Um die Aufgabe sachgerecht lösen zu können, sollten Sie zumindest einen Teil der wissenschaftlichen Aussagen zu diesem Thema kennen.)

1. Es ist ein Bündel von Ursachen und Gründen, das zum Niedergang der Weimarer Republik führte. Üblicherweise werden genannt:
   a) außenpolitische Belastungen als Folge des 1. Weltkriegs: die Bestimmungen des Versailler Friedensvertrages (siehe oben!) und ihre psychologischen Folgewirkungen,
   b) die Weltwirtschaftskrise und die Nachwirkungen der Inflation von 1923:
      - 1930 erstes wirtschaftliches Krisenjahr mit schrumpfender Produktion, fallendem Einkommen, rasch ansteigender Arbeitslosigkeit, Deflation
      - 1931 Anwachsen der Depression, Bankenkrach
      - 1932 Höhepunkt der wirtschaftlichen Krise
      - Brünings rigoroser Sparkurs schafft zusätzliche Probleme

- Folgen: Verschärfung des Kampfes zwischen Kapital und Arbeit, Verelendung bei Arbeitslosen und Kleinbauern, Übergang zur Staatskrise, Mehrung der Zweifel an der Tauglichkeit der Demokratie, politische Radikalisierung

c) der Mangel an demokratischem Bewußtsein in weiten Kreisen der deutschen Bevölkerung: Demokratie wird als von außen erzwungen empfunden, mit der nicht akzeptierten Niederlage verbunden; geringe demokratische Tradition, Festhalten des Bügertums an obrigkeitsstaatlichen und monarchistischen Vorstellungen, antidemokratische Machteliten, die "ungeliebte Republik", die "Republik ohne Republikaner". Das Fehlen eines demokratischen Grundkonsenses ist nicht erst am Ende der Weimarer Republik spürbar, wirkt sich nun aber verhängnisvoll aus,

d) das Versagen der demokratischen Parteien und des Parlamentarismus: Sie stehlen sich aus der Verantwortung, dulden stillen Verfassungswandel ab 1930, zeigen Parteienegoismus und geringe Bereitschaft zu demokratischem Kompromiß, Spaltung der deutschen Arbeiterbewegung,

e) die Schwächen der Weimarer Verfassung: Hierzu zählen:
   - die unausgewogene Machtverteilung zwischen Reichspräsident, Reichsregierung und Reichstag, der Reichspräsident als "Ersatzkaiser": Oberbefehl über die Reichswehr, Recht der Parlamentsauflösung, Ernennung und Entlassung des Reichskanzlers, Ausrufung des Ausnahmezustandes und Notverordnungsrecht (Art. 48)
   - die Regelungen über Reichstag und Reichsregierung: einfaches, destruktives Mißtrauensvotum gegen Kanzler und Minister möglich, keine positive Erwähnung der Parteien, Verhältniswahlrecht, das zur Parteienzersplitterung führt, Gesetzgebung durch Volksbegehren und Volksentscheid möglich = Konkurrenz zwischen plebiszitären und repräsentativen Elementen
   - wertneutrale Verfassung: Zulassung auch verfassungsfeindlicher Parteien und Verbände, Beamte und Richter nicht ausdrücklich zur Bejahung der Verfassung verpflichtet, Verfassungsänderungen leicht möglich, auch von grundlegenden Normen wie Grundrechte, Gewaltenteilung, Föderalismus

f) die Rolle des Militärs, der Bürokratie, der Justiz und einzelner Interessenverbände: die Reichswehr als "Staat im Staate", das zumeist legalistisch und konservativ orientierte Beamtenwesen, das milde Vorgehen der Justiz gegen Rechtsradikale, Förderung der NSDAP z.B. durch einzelne Vertreter der Industrie,

g) das Versagen einzelner Personen: Überforderung Hindenburgs, Rolle seiner Berater, Brünings zyklische Wirtschaftspolitik, Papens Ehrgeiz und Selbstüberschätzung; die demagogische Überzeugungskraft Adolf Hitlers.

2. Die pers. Bewertung der Gründe sollte auf Argumente eingehen wie:
   a) Entscheidend war das Vorherrschen antidemokratischen Denkens, das durch aktuelle Schwierigkeiten (ökonomische, soziale und politische Krise) verstärkt wurde.
   b) Nicht politische Strukturen, sondern Entscheidungen einzelner Personen führten zum Niedergang.
   c) Auch in anderen Ländern führte die Weltwirtschaftskrise zu sozialen Verwerfungen, die dort aber nicht die Abschaffung der Demokratie zur Folge hatten.
   d) Bis zum Ende bestand für die demokratischen Parteien die Möglichkeit, auf verfassungsgemäße Weise die politische Krise zu lösen.
   e) Letztlich ist die Weimarer Demokratie nicht an den Demokraten, sondern an den Verfassungsfeinden von links und rechts gescheitert, besonders aber den demagogischen Fähigkeiten Hitlers erlegen.
   f) Erst aus dem Zusammenwirken vieler Gründe läßt sich der Niedergang der ersten deutschen Republik erklären.

Frage 4:

Erörtern Sie Zielsetzungen und Erfolge der NS-Wirtschaftspolitik!

(Überlegungen zum Lösungsweg: Verlangt wird eine kritische Auseinandersetzung mit den Zielsetzungen und Erfolgen der NS-Wirtschaftspolitik. Es bietet sich an, zunächst kurz die wirtschaftliche Situation zu Beginn des Jahres 1933 darzustellen. In einem zweiten Arbeitsschritt sollen die Zielsetzungen untersucht und beurteilt werden. Zum Schluß müssen die "Erfolge" beleuchtet werden.)

1. Zur wirtschaftlichen Situation Anfang 1933:
   Die Weltwirtschaftskrise mit ihren materiellen und psychologischen Konsequenzen dauert an, doch ist der Tiefpunkt im Sommer 1932 erreicht. Im Januar 1933 gibt es amtlich 6 013 612 Arbeitslose. Die Staatsverschuldung Deutschlands ist im internationalen Vergleich relativ niedrig, eine Folge von Brünings Sparkurs.

2. Ziele der NS-Wirtschaftspolitik:
   a) Vorrangiges Ziel mußte im Januar 1933 die rasche Reduzierung der Arbeitslosen sein. Daraus war propagandistischer Gewinn zu ziehen, gerade auch aus der Arbeiterschaft.
   b) Von den ursprünglichen Programmpunkten der NSDAP (Sozialisierung, Mittelstandsförderung und Bodenreform) war wenig übriggeblieben. Zwischen 1930 und 1933 wandelte sich Hitlers Einstellung gegenüber dem Großkapital.
   c) Langfristiges Hauptziel der NS-Wirtschaftspolitik war jedoch die "Wehrhaftmachung". D.h. das Streben nach wirtschaftlichem Aufschwung war ein Mittel zum Zweck, um daraus die notwendigen Mittel für die Aufrüstung zu gewinnen, den Ausbau des Rüstungssektors zu forcieren, das Autarkiestreben im Bereich der Ernährungswirtschaft und die Entwicklung einer eigenen Rohstoffproduktion, z.B. synthetischer Treibstoff oder Zellwolle, voranzutreiben.
   d) Ziel war daneben die Kontrolle der deutschen Wirtschaft, die Erfassung aller an der Wirtschaft Beteiligten und ihre Ausrichtung auf die Zwecke des NS-Staates.

   Kritische Würdigung der Zielsetzungen: Ein langfristig angelegtes Wirtschaftsprogramm ist nicht zu erkennen. Wirtschaftliche Fragen spielten im Denken Hitlers eine untergeordnete Rolle. Vorrangig sollte die NS-Wirtschaft der Machtstabilisierung und der Vorbereitung auf den Krieg dienen.

3. Erfolge der NS-Wirtschaftspolitik:
   a) Die Zahl der Arbeitslosen konnte durch vielfältige Maßnahmen wie Arbeitsbeschaffungsprogramme, öffentliche Investitionen (z.B. Autobahnbau), den Vorrang menschlicher Arbeit vor der Maschinenleistung, gezielte Subventionen, Einführung des obligatorischen Reichsarbeitsdienstes und der allgemeinen Wehrpflicht (1935) tatsächlich vermindert werden. 1936 war die Vollbeschäftigung nahezu erreicht.
   b) Unbestreitbar sind auch das Wirtschaftswachstum von 1933 bis 1939, der technologische Fortschritt und die Entstehung neuer Industrien im Zeichen der "Wehrhaftmachung". Neue Märkte für den notwendigen Export wurden in Südosteuropa, Vorderasien und Südamerika erschlossen, da der Handel mit Westeuropa, England und den USA erheblich zurückging.
   c) Der Anteil der Rüstungsausgaben an den öffentlichen Investitionen wuchs jedoch an:

1933	23% =	720 Mio. RM
1934	49% =	3,3 Mrd. RM
1935	56% =	5,15 Mrd. RM
1936	68% =	9 Mrd. RM
1937	70% =	0,8 Mrd. RM
1938	74% =	15,5 Mrd. RM

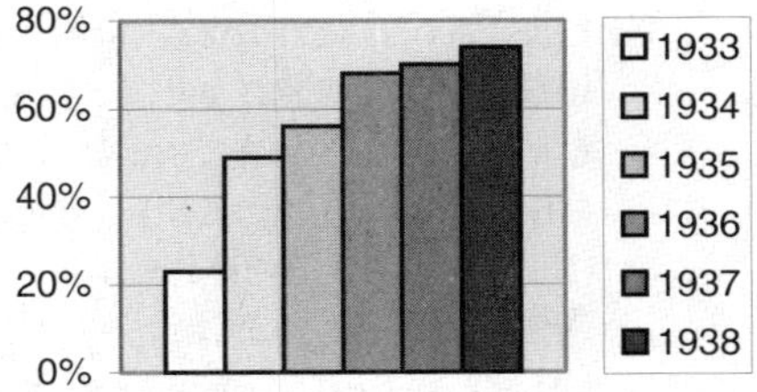

d) Der wirtschaftliche Aufschwung führte nicht zu einer Steigerung der Kaufkraft, einer Vermehrung der Konsumgüterproduktion und damit einer Anhebung des Lebensstandards. Löhne, Gehälter und Renten blieben auf dem Tiefststand von 1932. Der "Reichsnährstand" profitierte von deutlich gestiegenen Preisen für landwirtschaftliche Güter.
e) Die NS-Wirtschaftspolitik ließ sich nur finanzieren mit einer Vermehrung der Geldmenge und einer "Schuldenpolitik von nicht dagewesenem Ausmaß" (u.a. MEFO-Wechsel). Ende 1938 betrug die innere Staatsverschuldung des Reiches 42 Mrd. RM. "Vor einer allgemeinen Finanz- und Wirtschaftskatastrophe rettete sich das Dritte Reich in den 2. Weltkrieg." (W. Hofer)

Kritische Würdigung der Erfolge: Mißt man wirtschaftlichen Erfolg an Produktionsziffern, technologischem Fortschritt und der Arbeitslosenstatistik, so war die NS-Wirtschaft ohne Zweifel erfolgreich. Bezieht man jedoch die einseitige Ausrichtung auf die Rüstung, das Stagnieren des Lebensstandards, die sich anbahnende "Verschuldungskatastrophe", das geringe Ausgangsniveau und den Verlust an "wirtschaftlicher Freiheit" in die Betrachtung ein, dürften sich die "Erfolge" stark relativieren.

Frage 5:

Wie ist der Hitler-Stalin-Pakt zu beurteilen?

(Überlegungen zum Lösungsweg: Dieses bedeutsame Dokument wirft noch heute viele Fragen auf. Hier sollen zunächst die Vorgeschichte, dann der Inhalt und schließlich die Bedeutung des Vertrages dargestellt werden.)

1. Vorgeschichte:
   a) Erst der Nichtangriffspakt Deutschlands mit Polen vom 26.1.1934 führte zu einer Neuorientierung der sowjetischen Deutschlandpolitik und einer Annäherung an die Westmächte: Am 18.9.1934 trat die UdSSR in den Völkerbund ein.

b) Das Antikominternabkommen vom 25.11.1936 zwischen Deutschland und Japan richtete sich indirekt gegen die UdSSR, beinhaltete aber nur einen Neutralitätsvertrag und hatte im Kern defensiven Charakter. Daran änderte sich auch nichts, als am 6.11.1937 Italien dem Abkommen beitrat.
c) Als Hitler im März 1933 die Resttschechei entgegen dem von ihm selbst unterzeichneten Münchner Abkommen zerschlug, reagierten die Regierungen in London, Paris, Washington und Moskau mit scharfen Protesten. Die Angliederung des Memelgebietes an Deutschland, der Litauen unter deutschem Druck zustimmen mußte, rückte die Zukunft der baltischen Staaten in den Blickpunkt (Vertrag vom 22.3.1939).
d) Hitlers offensichtlicher Übergang von der Revisisonspolitik zur Eroberungspolitik war ein schwerer Schlag gegen Chamberlains "Appeasement Policy". In England und Frankreich wurden die Rüstungsanstrengungen verstärkt. Die diplomatischen Bemühungen um ein Defensivbündnis der Westmächte mit der UdSSR und den im Osten von Deutschland bedrohten Staaten scheiterten aber, da Polen und Rumänien nicht bereit waren, mit der UdSSR politisch oder gar militärisch zusammenzuarbeiten. So kam es zunächst nur zu Garantieerklärungen Englands und Frankreichs für Polen, Rumänien und Griechenland sowie zu einem Beistandspakt der beiden Westmächte mit der Türkei.
e) Hitler wertete diese defensiven Bündnisse als "Einkreisung", gab am 11.4.1939 die Weisung, den Krieg mit Polen vorzubereiten, kündigte am 28.4.1939 das deutsch-britische Flottenabkommen und den deutsch-polnischen Nichtangriffspakt und schloß mit Italien am 22.5.1939 eine enge Militärallianz, den "Stahlpakt".
f) Im Sommer 1939 sah sich die UdSSR in einer diplomatisch äußerst günstigen Lage: Einerseits boten die Westmächte Verhandlungen über einen Defensivpakt gegen Deutschland an, das seinen Propagandakrieg gegen Polen immer aggressiver führte. Die sowjetischen Forderungen liefen auf eine Überlasssung des Baltikums und ein Durchmarschrecht durch Polen und Rumänien hinaus. Während sich diese Gespräche wegen der polnischen und rumänischen Vorbehalte nur langsam entwickelten, nutzte Stalin andererseits seine Handlungsfreiheit zu geheimen Sondierungsgesprächen mit Deutschland. Hitler gestand dem ideologischen und politischen "Erzfeind" schließlich die Überlassung der baltischen Staaten zu, versprach Hilfe gegen Japan und schloß ein von Stalin gewünschtes Wirtschaftsabkommen ab.

g) Da der beabsichtigte Kriegsbeginn mit Polen immer näher rückte, drängte nun Hitler selbst auf einen raschen Abschluß mit der UdSSR. Am 23.8.1939 unterzeichneten Ribbentrop und Molotow in Moskau den Vertrag, der die Weltöffentlichkeit völlig überraschte.

2. Inhalt des Vertrages:
Der Vertrag besteht aus dem offiziellen Vertragstext und einem geheimen Zusatzprotokoll. Der Vertragstext enthält im wesentlichen:
a) ein Bekenntnis zur "Sache des Friedens",
b) einen Gewaltverzichtsvertrag,
c) ein Neutralitätsabkommen,
d) ein Konsultativversprechen und
e) eine Schlichtungsklausel.
Die Laufzeit des Vertrages soll zunächst zehn Jahre betragen.
Im geheimen Zusatzprotokoll werden die beiderseitigen "Interessensphären in Osteuropa" abgesteckt: Finnland, Estland und Lettland werden dem sowjetischen, Litauen dem deutschen Einflußbereich zugeschlagen. Polen wird aufgeteilt, wobei über die "Erhaltung eines unabhängigen polnischen Staates" noch nicht endgültig entschieden ist. Bessarabien wird der Sowjetunion überlassen.

3. Bedeutung:
a) Die territorialen Regelungen des Zusatzprotokolls wurden in den folgenden neun Monaten weitgehend erfüllt: Noch im September 1939 erfolgte die 4. Teilung Polens. Die baltischen Staaten gingen im Sommer 1940 in der UdSSR auf, nachdem Deutschland auf Litauen verzichtet hatte. (Erst im Jahre 1991 gewannen sie ihre Souveränität zurück.) Im Sommer 1940 mußte Rumänien unter Druck Bessarabien an die UdSSR abtreten. Die deutsch-sowjetische Zusammenarbeit wurde nach Abschluß des Paktes intensiviert. Der deutsche Überfall auf die UdSSR am 22.6.1941 beendete abrupt diese Phase der Geschichte.
b) Der Vertrag stellte einen radikalen Kurswechsel der beiden Diktatoren dar. Nur schwer ließ er sich in die ideologischen und machtpolitischen Zielvorstellungen integrieren. Erklärbar wird der Abschluß nur, wenn man davon ausgeht, daß beide Partner sich handfeste Vorteile einhandelten:
c) Für NS-Deutschland bedeutete der Vertrag:
   - die Verhinderung eines kollektiven Sicherheitsvertrages an Deutschlands Grenzen

- die Isolierung Polens
- die Vermeidung des Zwei-Fronten-Krieges
- die Verbesserung der wirtschaftlichen Lage durch große sowjetische Lieferungen an Rohstoffen und Lebensmitteln
- das Unterlaufen der britischen Blockade nach dem Überfall auf Polen
- sogar eine gewisse propagandistische Zusammenarbeit mit der Kommunistischen Internationalen

d) Für die UdSSR ergaben sich folgende Vorteile:
- der Krieg mit Deutschland wurde zunächst vermieden
- mit Deutschlands Hilfe schien sich das Verhältnis der UdSSR zu Japan bessern zu lassen
- die territorialen Wünsche an der Westgrenze ließen sich ohne Schwierigkeiten verwirklichen
- es bestand die Aussicht, aus dem wahrscheinlichen Krieg zwischen den Westmächten und den faschistischen Staaten weiteren Vorteil zu ziehen
- am Ende vielleicht sogar ganz Europa unter sowjetischen Einfluß zu bringen

Die zentrale Frage, die der Hitler-Stalin-Pakt in der Forschung lange Zeit aufwarf, lautete: Welche Bedeutung hat der Vertrag für die Entstehung des 2. Weltkriegs? Muß man nicht aufgrund des Vertrages von einer Mitschuld der Sowjetunion an der Entfesselung dieses Krieges sprechen?

Festzustehen scheint:

1. Hitler war seit dem Frühjahr 1939 entschlossen, gegen Polen militärisch vorzugehen. Der Pakt mit der UdSSR erleichterte die Durchführung, da der Zwei-Fronten-Krieg nun nicht mehr drohte. Es spricht wenig dafür, daß der deutsche Führer nach den "Erfolgen" von 1938/39 sich von seinen militärischen Plänen hätte abbringen lassen, wäre die Verständigung mit der UdSSR nicht zustande gekommen.

2. Die UdSSR war 1939 offensichtlich nicht kriegsbereit. Stalin mußte daran liegen, den militärischen Konflikt mit NS-Deutschland im Augenblick zumindest zu vermeiden. Allerdings war die sowjetische Führung wohl durchaus dazu bereit, Chancen zur Ausweitung des Herrschaftsgebietes und zur Ausbreitung des Kommunismus zu nutzen.

3. Stalins Vorgehen diente zwar dem deutsch-sowjetischen Frieden, kaum aber der Erhaltung des Friedens allgemein. Eine Mitschuld mag man der sowjetischen Führung dennoch nicht zuschreiben, da der Krieg eindeutig von Deutschland ausging und absichtlich herbeigeführt wurde.

4. Lange wurde von der Sowjetunion die Existenz des "Geheimen Zusatzprotokolls" verschwiegen und geleugnet. Dafür dürfte es eine Reihe von Gründen geben. Auf alle Fälle zog die UdSSR aus dem Vertrag die größeren Vorteile, da er ihr den Weg nach Westen ebnete. Ihre Grenzen nach 1945 entsprachen weitgehend den Regelungen im Hitler-Stalin-Pakt.

Checkliste

Folgendes sollten Sie bei dieser Aufgabenart beachten:

✓ Bedenken Sie: Nicht Ihre Meinung, sondern die Überzeugungskraft der Argumentation und die Schlüssigkeit Ihrer Darlegung werden beurteilt!
✓ Legen Sie bei Beurteilungsaufgaben zuerst immer auf einem Arbeitsblatt eine Liste der möglichen Argumente an!
✓ Ordnen und gewichten Sie die Argumente entsprechend der Aufgabenstellung!
✓ Ihre Stellungnahme soll eindeutig, aber nicht einseitig sein!
✓ Belegen Sie Ihre Aussagen mit Zitaten aus dem Text, mit geeigneten Beispielen!
✓ Setzen Sie sich immer auch mit den Gegenargumenten auseinander!

4.6.5 Übungen

1. Vergleichen Sie die wirtschaftliche, soziale und politische Lage in Deutschland 1922/23 und 1929/32 miteinander!
2. Wie ist die Europapolitik Stresemanns und Briands zu beurteilen?
3. Wie legal war die Machtergreifung?
4. Inwieweit kann man von einer "Ideologie des Faschismus" sprechen?
5. Wie ist der deutsche Widerstand zu beurteilen?
6. Wer trägt die Schuld an der "Entfesselung" des 2. Weltkriegs?

4.7 Deutschland und Europa nach 1945

4.7.1 Datenblatt

Entstehung der beiden deutschen Staaten:

1945	8.5. Bedingungslose Kapitulation der deutschen Wehrmacht
	5.6. Berliner Erklärung: Machtübernahme der Alliierten in Deutschland
	17.7.-2.8. Potsdamer Konferenz
1946	6.9. Rede des amerikanischen Außenministers Byrnes in Stuttgart
1947	1.1. Errichtung der Bi-Zone
	5.6. Verkündung des Marshall-Planes
	6.-7.6. Münchner Ministerpräsidentenkonferenz
1948	20.3. Sowjets verlassen Alliierten Kontrollrat
	20.6. Währungsreform in den drei Westzonen
	24.6. Beginn der Berliner Blockade (Ende: 12.5.1949)
	1.7. Frankfurter Dokumente
1949	23.5. Grundgesetz tritt in Kraft
	7.10. Gründung der DDR

Verhärtung der Teilung:

1952	10.3. Stalin-Note: Vorschlag für einen Friedensvertrag mit Deutschland
1953	17.6. Volksaufstand in der DDR
1955	5.5. Pariser Verträge treten in Kraft: Bundesrepublik wird souverän
	9.-13.9. Besuch Adenauers in Moskau
1957	25.3. Unterzeichnung der Römischen Verträge über die Europäische Wirtschaftsgemeinschaft
1958	27.11. Berlin-Ultimatum: Kündigung des Vier-Mächte-Status
1961	13.8. Bau der Berliner Mauer
1963	22.1. Adenauer und de Gaulle schließen Elisée-Vertrag
1964	12.6. Freundschafts- und Beistandsabkommen zwischen der UdSSR und der DDR

1968	8.4. Neue Verfassung der DDR tritt nach Volksentscheid in Kraft
	21.8. Einmarsch von Truppen des Warschauer Paktes in die CSSR
1974	7.10. Verfassungsänderung in der DDR: Tilgung des Begriffes "deutsche Nation"

Zeitalter der Entspannung, Ostverträge:

1970	12.8. Moskauer Vertrag
	7.12. Warschauer Vertrag
1971	3.9. Viermächte-Abkommen über Berlin
1972	21.12. Grundlagenvertrag zwischen den beiden deutschen Staaten
1973	18.9. Aufnahme der DDR und der Bundesrepublik in die Vereinten Nationen
	11.12. Prager Vertrag
1975	30.7. Abschlußdokument der KSZE-Konferenz (= Konferenz über Sicherheit und Zusammenarbeit in Europa)
1987	7.-11.9. Honecker besucht die Bundesrepublik
1989	7.10. Gorbatschow auf Staatsbesuch in der DDR
	9.11. DDR öffnet die Berliner Mauer
1990	3.10. Wiedervereinigung durch Beitritt der DDR zur Bundesrepublik nach §23 GG; seither massive Transferleistungen von West nach Ost im Rahmen des Aufbau Ost

Regierungen in der Bundesrepublik:

1949-1963	Ära Adenauer
1963-1966	Ludwig Erhard Bundeskanzler
1966-1969	Kurt Georg Kiesinger/Willy Brandt: Große Koalition
1969-1982	Sozial-liberale Koalition
1969-1974	Brandt/Scheel
1974-1982	Schmidt/Genscher
1982-1992	Regierung Kohl/Genscher, seither Kohl/Kinkel

Europäische Einigung:

1948	16.4. OEEC (= Organisation for European Economic Cooperation), Organisation zur Verwirklichung der Marshall-Plan-Hilfe, 16 europäische Staaten
1949	27.1. COMECON (= Rat für gegenseitige Wirtschaftshilfe, Ostblockstaaten
	4.4. Gründung der NATO (= Nordatlantikpakt), USA, Kanada, 10 europäische Staten
	5.5. Gründung des Europarates
1951	18.4. Bildung der Montanunion (= Europäische Gemeinschaft für Kohle und Stahl)
1955	8.5. Bundesrepublik wird Mitglied der NATO
	14.5. Gründung des Warschauer Paktes
1957	25.3. Unterzeichnung der Verträge über den Gemeinsamen Europäischen Markt = EWG und der Europäischen Gemeinschaft für Atomenergie = EURATOM
	Gründungsmitglieder: Bundesrepublik, Frankreich, Italien, Benelux-Staaten
1959	20.11. Gründung der Europäischen Freihandelszone = EFTA
1972	Beitritt von Großbritannien, Irland und Dänemark zur EG
1979	7.-10.6. Erste Direktwahl des Europäischen Parlamentes
1981	Beitritt von Griechenland zur EG
1986	Beitritt von Spanien und Portugal zur EG
1992	Vertrag von Maastricht, Vereinbarung zur Bildung einer europäischen Währungsunion spätestens ab 1999 und engerer europäischer Kooperation auf allen politischen Gebieten
1995	Beitritt von Österreich, Finnland und Schweden. Das Schengener Abkommen regelt den freien Grenzübertritt innerhalb der EU
1997	Vertrag von Amsterdam (Maastricht II)
1998	Folgende Staaten haben offiziell den Beitritt zur EU beantragt: Türkei (Antrag vorläufig zurückgestellt), Zypern, Ungarn, Polen, Slowakei, Rumänien, Bulgarien, Estland, Lettland, Litauen, Tschechien, Slowenien. Beitrittsverhandlungen sollen zunächst mit fünf Kandidaten beginnen, u.a. mit Polen, Ungarn und Tschechien

Internetadressen zur Europäischen Einigung:

http://www.europarl.de	Informationen zu den Aufgaben der Europäischen Institutionen, Zeitleiste, Aktuelles, Originaltexte
http://europa.eu.int/index.htm	Homepage der EU: Ausführliche Informationen, Aktuelles und Originaltexte
http://www.cec.lu/en/record/mt/top.html	Der Vertrag von Maastricht

✍ *Ergänzungen:*

4.7.2 Reproduktionsfragen

1. Welche Zielsetzungen entwickelten die Alliierten auf ihren Konferenzen bis zum Mai 1945?
2. Warum rückte Stalin kurz nach der deutschen Kapitulation vom Plan der "Zerstückelung" ab?
3. Was enthält das "Potsdamer Abkommen"?
4. Wodurch unterschied sich die Politik der Siegermächte in ihren Besatzungszonen?
5. Woran zerbrach die alliierte Siegerkoalition?
6. Was enthält die Byrnes-Rede vom 6.9.1946 an Neuem?
7. Inwiefern bedeutet die Truman-Doktrin einen neuen Abschnitt der Weltpolitik?
8. Was waren die Gründe und die Folgen der Währungsreform (Juni 1948)?
9. Wodurch unterschied sich die politische Konzeption Adenauers von der Schumachers?
10. In welchen wesentlichen Punkten unterscheidet sich das Grundgesetz von der Weimarer Verfassung?
11. Wie kam es zur Bildung der DDR?
12. Wie ist die Stalin-Note von 1952 zu bewerten?

13. Was waren die Gründe für die Aufrüstung der Bundesrepublik?
14. Wie läßt sich das westdeutsche Wirtschaftswunder erklären?
15. Was ist unter der "Hallstein-Doktrin" zu verstehen?
16. Die Berlin-Krise von 1958 bis 1961 kann als Beispiel eines begrenzten internationalen Konflikts gelten. Mit welchen Mitteln und wieweit wurde er beigelegt?
17. Worin bestand das außenpolitische Grundkonzept der Ostverträge und des Grundvertrages?
18. Welche Gründe sprachen für den Zusammenschluß Europas?
19. Welche Hemmnisse sind bei der politischen Integration Europas zu überwinden?
20. Was unterschied die "sozialistische Integration" von der wirtschaftlichen Integration innerhalb der EG?
21. In welchen Phasen verlief der revolutionäre Umbruch in der DDR?
22. Welche Ursachen hat der Zusammenbruch des Kommunismus in den Staaten des Ostens?
23. Was waren die entscheidenden Etappen hin zum gegenwärtigen Stand der Europäischen Union?
24. Welche Bedingungen existieren für die Mitgliedsstaaten zur Teilnahme an der **E**(uropäischen) **W**(ährungs-) **U**(nion)?

4.7.3 Historische Fragestellungen - Erläuterungen

a) Die Deutsche Frage

Die friedliche Revolution des Herbstes 1989 löste den Prozeß aus, der am 3. Oktober 1990 zur Vereinigung der beiden deutschen Staaten führte. Nach 45 Jahren Teilung trat ein, was man seit den 60er und 70er Jahren allenfalls noch als "Fernziel" der deutschen Politik ansah. Meist hatte man sich auf die Existenz und den Fortbestand zweier deutscher Staaten eingestellt. Dies gilt für die Politik, die Presse, die wissenschaftliche Zeitgeschichte und auch für die Schulbücher. Es mehrten sich die Stimmen, die die "Deutsche Frage" für abgeschlossen und die Teilung für unumkehrbar, ja sogar mit Blick auf die deutsche Geschichte als gerechtfertigt ansahen.

Muß nun die Nachkriegsgeschichte neu geschrieben werden? Sicher werden sich manche Wertungen verändern, wenn etwas mehr zeitliche Distanz geschaffen ist, die Archive in der ehemaligen DDR durchforstet sind und man sich auch in Moskau einer objektiven Zeitgeschichtsforschung öffnet. Kontrovers geführt wurde die wissenschaftliche Diskussion der "Deutschen Frage" schon immer. Es unterschieden sich nicht nur die Meinungen zwischen Ost und West.

Ein typisches Beispiel für die Diskussion ist die Frage nach den Ursachen der deutschen Teilung. Vier verschiedene Antworten werden im allgemeinen gegeben:

1. Eine Richtung sieht die Teilung als Ergebnis einer zielbewußten alliierten Politik, die geprägt war von den Gedanken der Strafe oder der Vorbeugung vor einem erneuten Hegemonialstreben Deutschlands.
2. Andere Autoren schreiben die Teilung einem gelungenen Täuschungsmanöver Stalins zu, der die Vertrauensseligkeit Roosevelts ausnützte und vollendete Tatsachen schuf, während man in Washington noch der Idee von der "one world" nachhing.
3. Eine dritte Gruppe hält die deutsche Teilung für das Ergebnis des Ost-West-Konflikts. Allerdings ist mit dieser Aussage das Problem nur verschoben, denn wer verursachte nun den Kalten Krieg? Auch darauf gibt es mehrere Antworten:
   - Stalins Imperialismus sei die treibende Kraft gewesen. Die westliche Reaktion des "roll back" und des "containment" seien dann nur die notwendige Konsequenz auf die östliche Expansion gewesen.
   - Der Wirtschaftsimperialismus der USA sei der entscheidende Faktor. Aus egoistischen Wirtschaftsinteressen erfolgte die Einbindung der westlichen Besatzungszonen. Russische Sicherheitsinteressen würden die Sowjetisierung der SBZ und Osteuropas mehr oder minder rechtfertigen.
4. Überwiegend wird heute die Teilung Deutschlands als ein vielschichtiger Prozeß bezeichnet, der von unterschiedlichen Faktoren beeinflußt wurde, deren Gewicht ihrerseits wieder umstritten ist:
   - gemeinsame Fehlentscheidungen der Alliierten, die seit der Konferenz in Jalta wieder an der Einheit Deutschlands festhalten wollten, in Potsdam aber, ohne die Tragweite zu erfassen, zur Organisation der Reparationenentnahme das deutsche Territorium teilten
   - das Verhalten bestimmter Besatzungsmächte, z.B. die französische Obstruktionspolitik im Kontrollrat

- die frühe Einleitung der Sowjetisierung in der SBZ, die das gesellschaftliche Gefüge im Unterschied zu den westlichen Zonen veränderte
- wirtschaftlich gebotene Aktionen wie die Währungsreform, deren Nebeneffekt die wirtschaftliche Teilung war
- Mißverständnisse zwischen Ost und West, die Mißtrauen weckten und im Zusammenhang mit dem Beginn des Kalten Krieges trennungsverschärfend wirkten
- das willfährige Verhalten mancher westdeutscher Politiker, die dem Kurs der Westmächte allzu gerne folgten

Auch die Stalin-Note vom März 1952 löste eine heftige wissenschaftliche Diskussion aus: War sie eine "verpaßte Chance" zur Wiedervereinigung?

1. Einerseits wird das Interesse betont, das Stalin haben mußte, eine Wiederaufrüstung Westdeutschlands und die Integration in die europäische Gemeinschaft zu verhindern. Er sei tatsächlich bereit gewesen, die kommunistische Herrschaft in der DDR zu opfern, um ein neutrales Deutschland zwischen den Blöcken zu erhalten. Die Auslotung der Vorschläge Stalins sei nicht nur von den Westmächten verhindert worden, sondern auch von Bundeskanzler Adenauer, dem die Westintegration wichtiger als die Einheit gewesen sei.

2. Ein Teil der Forschung kann im Notenwechsel des Frühjahrs 1952 keine verpaßte Chance erkennen. Stalins Vorschlag sei ein "durchsichtiges Störmanöver" gewesen, mit dem die Integration Westdeutschlands in die EVG (= Europäische Verteidigungsgemeinschaft) blockiert werden sollte. Ein Verzicht auf die DDR sei nicht beabsichtigt gewesen. Noch drastischer wird der Vorgang als "purer Propagandacoup" von manchen Autoren begriffen. Danach habe es Stalin nur darauf angelegt gehabt, die Verantwortung für die Teilung Deutschlands in der Weltöffentlichkeit den Westmächten und der Bundesregierung zuzuschieben. Die Ablehnung durch Adenauer sei angesichts der Gefahren einer Neutralisierung gerechtfertigt gewesen, zudem sei sein Anteil an der Entscheidung der Westmächte gering.

3. Wer hat recht? Eine endgültige Antwort kann nur gegeben werden, wenn Stalins wirkliche Motive aufgedeckt werden. Feststeht: Es war das weitestgehende Angebot der UdSSR zur deutschen Vereinigung bis zum Jahre 1990. Ein neutrales Deutschland an der Nahtstelle der Blöcke wäre sicher Gefahren ausgesetzt gewesen.

Der innenpolitische Meinungsstreit um die Ostverträge der sozialliberalen Koalition schlug sich auch in der wissenschaftlichen Literatur nieder.

1. Die Vorbehalte betrafen im wesentlichen:
   - die Mehrdeutigkeit mancher Vertragsformulierungen
   - die Anerkennung der Staatlichkeit der DDR
   - die Endgültigkeit der Oder-Neiße-Grenze
   - die mögliche Entlassung der Alliierten aus ihrer Vier-Mächte-Verantwortung
   - die Verbindlichkeit für die UdSSR, auf ihr Interventionsrecht zu verzichten
   - die Gefahren für die Entwicklung der Europäischen Gemeinschaft,
   - die Zweifel, ob die Verständigungsbereitschaft der Bundesrepublik tatsächlich zu Erleichterungen für die Menschen im Osten Europas führe
   - die Vorwegnahme friedensvertraglicher Regelungen

2. Die Befürworter der Ostverträge verwiesen in der Regel auf:
   - die Abstimmung der Verträge mit den westlichen Bündnispartnern
   - die langfristige Zielsetzungen: Friedenssicherung, Versöhnung und Gewaltverzicht
   - die Vermeidung der völkerrechtlichen Anerkennung der DDR und der Vorwegnahme friedensvertraglicher Regelungen
   - das Weiterbestehen der Vier-Mächte-Verantwortung
   - die Verpflichtung der UdSSR zum Gewaltverzicht
   - die Chancen zum Ausbau der politischen und wirtschaftlichen Zusammenarbeit mit den Ostblockstaaten
   - die Möglichkeiten, "Wandel durch Annäherung" im Ost-West-Verhältnis zum Wohle der Menschen zu erreichen

Nach der Vereinigung der beiden deutschen Staaten wird man auch die Ergebnisse der westdeutschen DDR-Forschung der letzten Jahrzehnte überdenken müssen. Die tatsächliche Situation in der ehemaligen DDR läßt sich offenbar nun erst sachgerecht beschreiben. In manchen Publikationen erschien die DDR als "ein anderer Typ einer entwickelten Industriegesellschaft" oder gar als "sozialistische Alternative zur Bundesrepublik". Die Differenz zwischen Herrschaftsanspruch und tatsächlicher Herrschaftsausübung im SED-Regime wurde oft nicht gesehen.

Die Periodisierung der Geschichte der Bundesrepublik ist ein eigenes Problem. Der 3.10.1990 bezeichnet jetzt zwar das Ende der Nachkriegsepoche. Auch gibt es Fixpunkte wie die Jahre 1949 und 1955 sowie 1970-73, die alle bedeutende Einschnitte in der Entwicklung der Bundesrepublik markieren. Doch über die anderen Höhe- und Wendepunkte besteht keine Einigkeit.

Die Geschichte der DDR läßt sich etwas einfacher und plausibel unterteilen:

1945-1949 Sowjetische Besatzungszone (SBZ)
1949-1961 "Aufbau des Sozialismus" in der DDR
1961-1970 Stabilisierung des SED-Regimes
1971-1989 Ära Honecker

b) Europa

Die Literatur über die europäische Einigung ist weniger kontrovers. Das bedeutet allerdings nicht, daß die Vereinigung unproblematisch wäre. Der Zusammenbruch des Kommunismus in den osteuropäischen Staaten, die Auflösung Jugoslawiens und der Sowjetunion, die stärker werdende Zuwanderung aus Afrika und Asien ins Wohlstandsgebiet Westeuropa sind Probleme, die den Bau eines gemeinsamen "europäischen Hauses" eher erschweren.

Vor allem der Vertrag von Maastricht ließ die Reihen der "Euroskeptiker" in vielen Ländern anschwellen. Großbritannien, Schweden und Dänemark werden der EWU zunächst nicht angehören. Griechenland verfehlt die Konvergenzkriterien, und auch in Deutschland wird die Frage der Stabilität der zukünftigen, gemeinsamen Währung diskutiert.

Neu aufgebrochen ist in jüngster Zeit der Streit um die Mitgliedsbeiträge zur EU. Deutschland als größter "Nettozahler" verlangt eine Neuverteilung der Lasten. Die beabsichtigte Agrarreform (Agenda 2000) zur Kostensenkung läßt neue Diskussionen erwarten, und die Frage von Mehrheitsbeschlüssen vs. Einstimmigkeit im Ministerrat ist nicht endgültig entschieden.

Darüber hinaus warnen Kritiker vor folgendem Widerspruch: Zwar werde eine vollständige Wirtschafts- und Währungsunion verwirklicht. Die politische Vereinigung lasse aber weiter auf sich warten, die Interessengegensätze zwischen einzelnen Mitgliedsstaaten auf den Gebieten der Außen- und Sicherheitspolitik träten bei jeder neuen Krise zutage.

Grundsätzlich kreist die gegenwärtige Debatte zudem um die Schlagworte "Europa der Vaterländer, bzw. der Regionen" (= weitgehender Souveränitätserhalt der Einzelstaaten) im Gegensatz zu "Vereinigte Staaten von Europa".

Traditionelle Problemfelder der europäischen Einigung:

- Verhältnis zur W(orld) T(rade) O(rganisation), Freihandel vs. europäischer Protektionismus, sowie Abschottung der "Festung Europa" nach außen
- gemeinsame Asyl- und Flüchtlingspolitik
- schleppendes Tempo der europäischen Einigung
- weiter bestehende nationale Egoismen
- ausufernde Euro-Bürokratie
- ungleiche regionale Entwicklung
- gemeinsamer Umweltschutz
- Demokratiedefizit der europäischen Institutionen
- schwieriges Verhältnis zu den Ländern der Dritten und Vierten Welt
- nächste Schritte zur politischen Einheit

Die Notwendigkeit eines europäischen Zusammenschlusses wird kaum einmal in Zweifel gezogen. Skepsis wird aber geäußert, ob der eingeschlagene Weg tatsächlich zum Ziel führt.

4.7.4 Beurteilung und Diskussion historischer Fragen

In den Abituraufgaben zur Nachkriegsgeschichte wurde bisher das Schwergewicht auf die Periode zwischen 1945 und 1961 gelegt, allenfalls die Ostverträge wurden in die Betrachtung einbezogen.

Es ist zu erwarten, daß in Zukunft die Entwicklung in der ehemaligen DDR, vor allem aber die Phase der Wende und der Vereinigung der beiden deutschen Staaten hervorgehoben werden. Die enorme Stoffülle des Kapitels "Nachkriegsgeschichte Deutschlands und Europas" zwingt indes jetzt schon zu einer Schwerpunktbildung.

Als besonders "abiturverdächtig" könnten neben den auch in der Wissenschaft umstrittenen Fragen diese Themen gelten:

Frage 1:

Wie ist das Potsdamer Abkommen zu beurteilen?

(Überlegungen zum Lösungsweg: Auch hier erscheint es zweckmäßig, zunächst die Einordnung in den historischen Kontext vorzunehmen, dann die wichtigsten Inhalte kurz wiederzugeben und in einem dritten Schritt erst die Beurteilung zu versuchen.)

1. Vorgeschichte:
   a) Die Konferenz von Potsdam steht in der Tradition der alliierten Kriegskonferenzen. Abschließend sollte dort über die zukünftige Behandlung Deutschlands entschieden werden.
   b) Nach der bedingungslosen Kapitulation Deutschlands war zwar der Krieg in Europa beendet, die ersten Spannungen in der Siegerkoalition treten jedoch schon im Mai auf. Vor allem Churchill warnt vor der sowjetischen Expansion.
   c) Präsident Truman, der Nachfolger des am 12.4.1945 verstorbenen Roosevelt, schätzt wohl von Anfang an die Zusammenarbeit mit der Sowjetunion skeptischer ein. Am 28.7.1945 übernimmt der neue Premierminister Attlee anstelle des abgewählten Churchill die britische Verhandlungsführung. Diese personellen Veränderungen auf westlicher Seite boten Stalin taktische Vorteile. Frankreich war an den Verhandlungen nicht beteiligt.
   d) Die USA hatte ein Interesse daran, daß die Sowjetunion in den Krieg gegen Japan eingriff, und wollte daher die Konferenz in keinem Falle scheitern lassen.

2. Inhalte:
   Strittig waren auf der Konferenz die Bereiche:
   a) Grenzen Deutschlands: Die Sowjetunion hatte inzwischen "vollendete Tatsachen" geschaffen: Entgegen der Beschlüsse von Jalta und ohne Konsultationen hatten die Sowjets
      - die deutschen Ostgebiete jenseits der Oder-Neiße-Linie in polnische Verwaltung übergeben,
      - das nördliche Ostpreußen und Königsberg aber selbst in Anspruch genommen.

Die Westmächte protestierten gegen die Eigenmächtigkeit. Im Abkommen ist festgehalten: Die endgültige Grenzziehung sollte zwar erst im Friedensvertrag erfolgen. Der Vertreibung der Deutschen aus diesen Gebieten stimmten die Westmächte jedoch zu, was in einem Widerspruch zu der angeblich vorläufigen Regelung stand.

b) Reparationen: Streit entbrannte über die Höhe der Reparationen und die Art ihrer Entnahme. Die getroffene Regelung sieht vor, daß die Sowjetunion (und Polen) ihre Reparationen aus der sowjetischen Besatzungszone entnehmen sollten, die USA und Großbritannien (und andere anspruchsberechtigte Länder) aus den westlichen Zonen. Zusätzlich sollte die Sowjetunion aus den westlichen Besatzungszonen 15% der zu entnehmenden Industrieanlagen gegen Lieferung von Waren, weitere 10% ohne Gegenleistung erhalten. Die Höhe der Reparationen wurde nicht festgelegt. Die Teilung Deutschlands in zwei Reparationsgebiete erwies sich in der Folge als verhängnisvoll.

c) Rechtsqualität des Potsdamer Abkommens: Als "Potsdamer Abkommen" wird die Kurzfassung des "Protokolls der Konferenz von Potsdam" bezeichnet. Bald nach seiner Veröffentlichung entbrannte ein Streit über seine Rechtsqualität: Im Osten sah man in diesem Dokument eine "völkerrechtliche Vereinbarung" mit bindender Wirkung auch für die Deutschen. Staats- und Völkerrechtler in der Bundesrepublik bezeichneten es dagegen als "Regierungsabkommen" ohne völkerrechtliche Bindekraft für Deutschland.

Einigkeit bestand:

a) bei den politischen Grundsätzen der Besatzungspolitik:
   - der Kontrollrat (bestehend aus vier Oberbefehlshabern) wird bestätigt als Organ der "höchsten Regierungsgewalt in Deutschland"
   - er soll vor allem durchsetzen:
     - "völlige Abrüstung und Entmilitarisierung Deutschlands"
     - Entnazifizierung
     - Umgestaltung des "deutschen politischen Lebens auf demokratischer Grundlage"
     - Reorganisation des Rechtswesens
     - Bestrafung aller Kriegsverbrecher
     - Dezentralisierung der Verwaltung
   - keine zentrale deutsche Regierung, wohl aber "zentrale deutsche Verwaltungsabteilungen"
   - Gewährung von Grundrechten unter Berücksichtigung militärischer Sicherheit

- Gleichbehandlung der Deutschen, "soweit praktisch durchführbar"

b) bei wirtschaftlichen Grundsätzen:
   - Dezentralisierung der deutschen Wirtschaft
   - Umstellung auf Friedenswirtschaft und Betonung der Landwirtschaft
   - Vernichtung des deutschen Kriegspotentials
   - Reparationen (siehe oben!)
   - Deutschland soll während der Besatzungszeit als "wirtschaftliche Einheit" betrachtet werden

3. Beurteilung:

a) Die Urteile über das Potsdamer Abkommen laufen je nach politischem Standpunkt und der Entwicklung des Ost-West-Verhältnisses weit auseinander.

b) Es wurde bald ein Gegenstand der politischen Auseinandersetzung zwischen Ost und West. Eine einheitliche Deutschlandpolitik der Sieger war damit nicht garantiert.

c) Frankreich, in Potsdam nicht vertreten, machte stets Vorbehalte gegen die Beschlüsse geltend.

d) Die "wirtschaftliche Einheit" Deutschlands wurde durch die Zweiteilung der Reparationsgebiete praktisch aufgelöst. Die spätere politische Teilung ist hier vorgeformt.

e) Der Text enthält an wichtigen Stellen nur Leerformeln: "demokratisch", "friedlich", "gerecht" wurden in der Sowjetunion und bald auch in der SBZ anders verstanden als im Westen.

f) Die Formulierungen über die Grenzfrage im Osten ließen unterschiedliche Interpretationen zu. Das Verhältnis der Bundesrepublik zu Polen blieb bis zur deutschen Einigung nicht zuletzt deshalb gestört.

g) Die alliierten Außenministerkonferenzen und der Kontrollrat sollten die gemeinsame Verwaltung Deutschlands sicherstellen. Als 1948 beide Institutionen scheitern, bedeutet dies auch das Ende einer gemeinsamen alliierten Deutschlandpolitik.

h) Insgesamt zeigt das Potsdamer Abkommen deutliche Züge der "policy of postponement", war der Eindruck im Westen doch noch vorherrschend, sich mit der Sowjetunion in der Zukunft über alle strittigen Fragen einigen zu können.

Frage 2:

Stand die Entstehung der Bundesrepublik mehr im Zeichen der Restauration oder des Neubeginns?

(Überlegungen zum Lösungsweg: Verlangt ist die Beantwortung einer Entscheidungsfrage. Vorweg geklärt werden sollte der Inhalt der beiden Thesen. Danach sollten die wesentlichen Entwicklungsschritte im politischen, wirtschaftlichen und gesellschaftlichen Bereich nachvollzogen werden. Am Schluß kann ein abwägendes Urteil versucht werden.)

1. Beschreibung der beiden Thesen:
   a) Restaurationsthese: Sie besagt:
      - während der ersten Monate und Jahre nach Kriegsende sei die Chance einer Veränderung in Gesellschaft, Wirtschaft und Politik vertan worden
      - sie sei unter dem Druck der Westmächte unterblieben
      - die wirtschaftlichen und gesellschaftlichen Eliten hätten sich wieder durchgesetzt, die den Nationalsozialismus gefördert und sich schließlich mit ihm verbunden hätten
   b) Neubeginnsthese: Sie läßt sich so umschreiben:
      - es habe zwar keine "Stunde Null" gegeben, die deutsche Nachkriegsgeschichte habe nicht voraussetzungslos begonnen
      - Krieg und Niederlage hätten aber die gesellschaftlichen Bedingungen zerstört, die den Nationalsozialismus möglich machten
      - ein Bruch sei erfolgt mit dem "hierarchischen Untertanengeist der Wilhelminischen Ära und der formlosen Gärung der Weimarer Republik" (Richard Löwenthal)

2. Untersuchung der Entwicklung in den westlichen Besatzungszonen bis 1949:
   a) Entscheidung für die parlamentarische Demokratie:
      - Wiederanknüpfung an Weimarer Republik bei den großen Parteien in Zielsetzungen und Personal
      - gelenkter demokratischer Aufbau, allerdings in unterschiedlicher Form und verschiedenem Tempo
      - keine gemeinsame Deutschlandpolitik der Westmächte bis 1948, doch Übereinstimmung bei staatlichen und gesellschaftlichen Grundprinzipien

- Empfehlungen der Londoner Sechs-Mächte-Konferenz (23.2.-2.6.1948) und Frankfurter Dokumente (1.7.1948) drängen westdeutsche Ministerpräsidenten zur Bildung eines westdeutschen Teilstaates
- Parlamentarischer Rat bekam Vorgaben: demokratische Verfassung und Regierungsform des föderalistischen Typs, trotz Auseinandersetzung über Details Einigung über die Grundzüge der politischen Ordnung zwischen den demokratischen Parteien, aus den Weimarer Erfahrungen werden Lehren gezogen (siehe Unterschiede: Weimarer Verfassung - Grundgesetz)

b) Entscheidung für die soziale Marktwirtschaft:
- "Antikapitalistische Bestrebungen und Stimmungen" 1945/46 stark verbreitet, Verstaatlichung oder Vergesellschaftung von Kommunisten, SPD, linkem Flügel der CDU und Gewerkschaften gefordert
- Potsdamer Abkommen sieht Dezentralisierung und Reduzierung des deutschen Industriepotentials vor
- radikale Veränderungen in der SBZ schrecken im Westen ab, dort auch weniger Interesse an Reparationen
- Uneinigkeit über Notwendigkeit einer Sozialisierung bei den Westmächten, Amerikaner sind dagegen, Schlüsselindustrien liegen in der britischen Besatzungszone
- mehrere Ansätze zu Enteignungen und Sozialisierungen in der britischen Zone. Überlegungen: einerseits soll Ruhrgebiet nie mehr zum Rückgrat einer deutschen Aggression werden, andererseits Wirtschaftspotential "für den Wiederaufbau Europas und Deutschlands unentbehrlich" (Steininger). Scheinbar beste Lösung: Internationalisierung der Ruhrindustrie
- Währungsreform und Einbeziehung der westlichen Besatzungszonen in den Marshallplan 1948 ermöglichen wirtschaftlichen Aufschwung und enthalten Vorentscheidung über die zukünftige Wirtschaftsordnung
- Erhards Reformkonzept der Sozialen Marktwirtschaft setzt sich durch: Konsumfreiheit, Gewerbefreiheit, Produktions- und Handelsfreiheit, Wettbewerbsfreiheit; Marktfreiheit allerdings aus sozialen Gründen zu beschränken und zu kontrollieren
- Wahl zum 1. Deutschen Bundestag am 14.8.1949 bedeutet auch politische Entscheidung über Wirtschaftsordnung

c) Gesellschaftliche Entwicklung:
- NS-Diktatur und Krieg führen zu einem tiefen gesellschaftlichem Einschnitt: Es gab rund acht Millionen Tote, Verwundete, Obdach-

lose, zwölf Millionen Vertriebene, wirtschaftliches Chaos, Zerstörung

- Entnazifizierung und Reeducation haben insgesamt nur geringen Erfolg, Belastete teilweise als Experten in Verwaltung und Wirtschaft scheinbar unentbehrlich, in Justiz, Staatsverwaltung und Bildungswesen kaum personelle Veränderungen
- preußischer Adel und deutscher Militarismus aber werden ausgeschaltet
- anders als am Beginn der Weimarer Republik keine starken demokratiefeindlichen Gruppen
- kultureller Umbruch, z.B. in der Literatur
- zunächst allgemeines Ziel Überwindung der Not, später bei langsamer wirtschaftlicher Besserung Identifizierung mit dem neuen Staat

3. Entscheidung: Neubeginn oder Restauration?
In Politik, Wirtschaft und Gesellschaft sind augenscheinlich restaurative und grundsätzlich neue Tendenzen feststellbar. Die Gewichtung der Argumente liegt beim Betrachter.
   - Die neue demokratische Lebensform setzte sich durch.
   - Eine grundsätzliche Neuordnung der Wirtschafts- und Betriebsverfassung ist nicht erfolgt.
   - Die Währungsreform begünstigte die Besitzer von Sachkapital, die Startchancen im anbrechenden Wirtschaftswunder waren daher ungleich verteilt.
   - Auch in der nachfolgenden Entwicklung wurde "Bonn nicht zu Weimar".

Checkliste

Folgendes sollten Sie bei dieser Aufgabenart beachten:

- ✓ Manchmal sollen Sie Ihre Beurteilung unter einem bestimmten Aspekt abgeben. Dann ist es notwendig, auch diesen Aspekt kurz zu erläutern!
- ✓ Die zu beurteilende These, das Ereignis oder das Dokument stehen immer in einem geschichtlichen Zusammenhang. Ihn gilt es wenigstens kurz anzugeben!
- ✓ Doch Vorsicht! Die Aufgabenstellung im Auge behalten! Bei Wertungsaufgaben darf man nicht einfach Stoff anhäufen!
- ✓ Eine Argumentation wird auch dann nicht überzeugender, wenn man Superlative benutzt oder Argumente mehrmals wiederholt!
- ✓ Bei Erörterungsaufgaben bietet sich als einfachste Lösung ein dialektischer Aufbau an!
- ✓ Aufgaben dieser Art zielen auf eine zusammenfassende Schlußaussage!

4.7.5 Übungen

1. Wie demokratisch war die "antifaschistisch demokratische Umwälzung" in der sowjetischen Besatzungszone von 1945 bis 1949?
2. "Daß die Sowjetführung tatsächlich versuchte, ganz Deutschland unter sowjetische Herrschaft zu bringen, wird man schwerlich sagen können (...)" (Wilfried Loth)
   Erörtern Sie die Zielsetzungen der sowjetischen Deutschlandpolitik von 1945 bis 1955!
3. Welche Bedeutung kommt der außenparlamentarischen Opposition = APO in der inneren Entwicklung der Bundesrepublik zu?
4. Nehmen Sie Stellung zu der Aussage: "Die deutsche Einigung von 1990 ist der späte Beweis für die Richtigkeit der Deutschlandpolitik Konrad Adenauers."

4.8 Die Dritte Welt

4.8.1 Datenblatt

Lateinamerika:

um 1550	Spanische und portugiesische Eroberung Mittel- und Südamerikas abgeschlossen
1808-1825	Unabhängigkeitskriege von der spanischen Herrschaft
1822	Unabhängigkeit Brasiliens von Portugal
1823	☞Monroe-Doktrin der USA: "Amerika den Amerikanern", Basis für Hegemonialanspruch der USA in Amerika
1962	Kuba-Krise: US-Blockade gegen Aufbau sowjetischer Raketenbasen; Regionalkonflikt im "Vorhof" wird zur Bedrohung des Weltfriedens

Asien:

1947	Unabhängigkeit des indischen Subkontinents von England: Indien, Pakistan, Birma, seit 1971 Bangladesch
1948	Gründung des Staates Israel
1949	Proklamation der Chinesischen Volksrepublik
1950-1953	Korea-Krieg: Ost-West-Konflikt führt zu "heißem" Krieg, nur Teilerfolg für UN-Truppen unter amerikanischer Führung
1946-1954	1. (französischer) Indochinakrieg: Laos, Kambodscha und Vietnam werden souveräne Staaten
1960-1975	2. (amerikanischer) Indochinakrieg = Vietnamkrieg: 1965-1973 Eingreifen der USA, ☞Dominotheorie, Wiedervereinigung Vietnams unter kommunistischer Führung
1991	2. Golfkrieg: Alliierte Truppen stellen nach irakischer Besetzung Souveränität Kuwaits wieder her, neuartiges Zusammenwirken von USA und UdSSR
1993	Beginn des Friedensprozesses zwischen Israel und den Palästinensern: "Land für Frieden", bzw. Autonomie für die Palästinenser
1997	schwere Finanzkrise in Südostasien

Afrika:

1951-1962	Unabhängigkeit der nordafrikanischen Staaten (1954-1962 Algerischer Befreiungskampf)
1957-1966	Unabhängigkeit eines Großteils der schwarzafrikanischen Staaten (1957 Ghana; 1960 Afrikanisches Jahr)
1975	Portugal erkennt Unabhängigkeit Angolas und Mozambiques an
1980	Simbabwe (ehemals Rhodesien) erhält schwarze Mehrheitsregierung
1990	Unabhängigkeit Namibias (vorher unter südafrikanischer Verwaltung)
seit 1990	zunehmender Zerfall vieler Drittweltstaaten (Liberia, Angola, Somalia, Burundi, Ruanda, Äthiopien, Sudan, Mozambique) in Afrika; markante Zunahme des Einflusses radikaler, fundamentalistisch geprägter Bewegungen in den islamischen Staaten
1994	endgültiges friedliches Ende der Apartheid in Südafrika; Regierungsbildung durch Nelson Mandela nach Wahlsieg des African National Congress
seit 1996	Bürgerkriegs in Algerien zwischen Fundamentalisten und herrschendem Militär
1996	Völkermord in Ruanda und Burundi
1997	Sturz des Autokraten Mobutu in Zaire

Allgemeine Daten:

1945	Gründung der Arabischen Liga: gegenwärtig 22 Mitglieder, Zusammenarbeit in politischen, wirtschaftlichen und kulturellen Fragen
1945	Gründung der Vereinten Nationen, 1955 Konferenz von Bandung: 29 afro-asiatische Staaten verurteilen Kolonialismus, Rassendiskriminierung und Atomwaffen, Grundlagen für Bewegung der Blockfreien Staaten
1963	Gründung der Organisation für die Einheit Afrikas (OUA): Ziele: Förderung der Einheit und Solidarität der afrikanischen Staaten, politisch und wirtschaftliche Zusammenarbeit, Ausrottung aller Formen des Kolonialismus, Blockfreiheit
1964	1. UNCTAD-Konferenz in Genf: = Handels- und Entwicklungsrat der UN, daraus geht "Gruppe 77" hervor = Interessenvertretung der Dritten Welt mit jetzt 120 Mitgliedsstaaten

1967	Gründung der ASEAN = regionaler Zusammenschluß von Indonesien, Malaysia, Philippinen, Singapur und Thailand, ab 1984 auch Brunei, Ziele: Kooperation in Wirtschaft, Verkehr und Kultur
1973	Ölkrise: 4. israelisch-arabischer Krieg führt zur Androhung der Beschränkung der Erdölförderung durch die arabischen Staaten, Folge: weltweite Wirtschaftskrise
1981	1. Nord-Süd-Gipfelkonferenz in Cancun: beteiligt sind Staats- und Regierungschefs aus 8 westlichen Industrieländern und 14 Entwicklungsländern; Versuch, durch Globalverhandlungen zu einer Lösung des Nord-Süd-Konflikts zu kommen, scheitert; Streitpunkt u.a. beherrschender westlicher Einfluß auf ☞IWF, Weltbank und ☞GATT
1992	UN-Umweltkonferenz in Rio de Janeiro; nachfolgend UN-Konferenzen zu Armut, Lage der Frauen und Klimaschutz

Internetadressen:

Entkolonialisierung (englisch!)

http://www.stg.brown.edu/projects/hypertext/landow/victorian/history/Empire.html	Entwicklung des britischen Weltreichs (sehr akademisch)

Zentrum Europa und Dritte Welt

http://www.stg.brown.edu/projects/hypertext/landow/post/poldiscourse/discourseov.html	Entwicklungspolitische Forschung und Beratung
http://www.uni-sb.de/z-einr/efb/auftrag.html	(deutsch)

Vereinte Nationen

http://www.un.org/	Homepage der Vereinten Nationen
http://www.un.org/Depts/german/h2-d.html	deutsche Texte der Vereinten Nationen (Übersetzungen der UN-Dokumente)
http://www.uni-marburg.de/dir/MATERIAL/DOKU/DIV/un35thes.html	interessante Informationen über die Aufgabenbereiche der Vereinten Nationen

http://www.admin.ch/ch/d/sr/0.19.html	Übersicht über internationale Organisationen, Diplomatie, internationales Recht etc.
http://www.lpb.bwue.de/politik.htm	Informationen zur heutigen politischen Landschaft
http://www.lpb.bwue.de/charta.htm	Charta der Vereinten Nationen
http://www.link.no/IPS/ger/serv/WD.html	Pressedienst u.a. zu den Vereinten Nationen

✍ *Ergänzungen:*

4.8.2 Reproduktionsfragen

1. Was versteht man unter den Begriffen "Dritte Welt", "Nord-Süd-Konflikt", "Entwicklungsländer", seit der Ölkrise 1973 auch "Vierte Welt"?
2. Was waren die Ziele der europäischen Kolonisierung? (Vgl. Kap.4.4!)
3. Wie läßt sich das Verhältnis der USA zu den lateinamerikanischen Ländern kennzeichnen?
4. Wodurch wurde die Entkolonisierung nach 1945 begünstigt?
5. Welche Auswirkungen hatte der Ost-West-Konflikt auf die Entwicklungsländer?
6. Welche Ursachen hatte der Vietnamkrieg?
7. Warum scheiterten bisher alle Versuche, den israelisch-arabischen Konflikt zu lösen?
8. Welche Entwicklungstheorien wurden in den letzten Jahrzehnten diskutiert?
9. Welche Vorschläge enthält der sogenannte "Brandt-Bericht" von 1980?
10. Wie erfolgreich war die bisherige Entwicklungshilfe der Industrieländer?
11. Welche Ursachen hat der im letzten Jahrzehnt sich abzeichnende "Wandel zur Demokratie" in vielen Entwicklungsländern?
12. In welchen Phasen verlief der israelisch-arabische Konflikt?
13. Über welche Instrumente zur Konfliktlösung und Konfliktbegrenzung verfügt die UNO?
14. Erklären Sie die Problematik des Wirkens von IWF und Weltbank!
15. Wie läßt sich das Eingreifen der alliierten Truppen im 2. Golfkrieg rechtfertigen?
16. Fassen Sie die aktuellen Probleme Afrikas zusammen!
17. Was versteht man unter dem Schlagwort "Fundamentalismus", und worin liegt seine Bedeutung für die westliche Welt?

4.8.3 Historische Fragestellungen - Erläuterungen

Das Thema "Entkolonisierung und Dritte Welt" verlangt vom Schüler die Fähigkeit zur Integration von Fragestellungen, Kenntnissen und Methoden unterschiedlicher wissenschaftlicher Disziplinen. Wer sich diesen Themenbereich auswählt, muß wissen, daß er sich für einen bedeutsamen, interessanten, doch komplexen Ausschnitt aus der Zeitgeschichte entscheidet. Die üblichen Schulbücher bieten recht wenig Hilfe. Erschwerend kommt hinzu, daß in der wissenschaftlichen Literatur die Dritte-Welt-Problematik besonders kontrovers dargestellt wird. Dies gilt schon für die Beantwortung der Frage:

"Wie kommt es, daß sich gerade zwischen 1945 und 1965 die Emanzipation der farbigen Völker durchsetzte?"

Als Faktoren in diesem Prozeß werden genannt:

- die Schwächung der europäischen Großmächte durch die beiden Weltkriege
- die Ausbreitung europäischer Freiheits- und Gleichheitslehren, also Menschenrechte, Selbstbestimmungsrecht, Nationalstaatsidee, marxistische Klassenkampftheorie
- die Einsicht in die Notwendigkeit der Wandlung der Kolonialpolitik, vor allem ersichtlich in englischen und französischen Reformversuchen
- die Organisation der UNO, die zu einem politischen Forum der jungen Staaten wurde

Autoren der Dritten Welt betonen demgegenüber die eigenständige Kraft der bis dahin unterdrückten Völker.

Darstellungen aus der Zweiten Welt verweisen auf die Erfüllung von Lenins Imperialismustheorie und die moralische, politische und militärische Hilfe in den "Volksbefreiungskämpfen" durch die sozialistischen Länder.

Auch über die "Ursachen der Entwicklungsdefizite der Dritten Welt" besteht in der Literatur wenig Einigkeit. Üblicherweise werden dort unterschieden:

- "natürliche Gegebenheiten" wie mangelnde oder ungünstige Rohstoffausstattung und entwicklungshemmende klimatische Verhältnisse
- "innere Ursachen" wie die Bevölkerungsexplosion, der Kapitalmangel und eine entwicklungsfeindliche traditionsorientierte Kultur und Wertordnung
- "äußere Ursachen" wie die Folgen des Kolonialismus, die andauernde außenwirtschaftliche Ausbeutung und die strukturelle Abhängigkeit

Der heftige wissenschaftliche Streit der 70er und 80er Jahre bezog sich vor allem auf die Bedeutung der einzelnen Faktoren. Im Mittelpunkt stand der Streit um den Vorrang der *inneren* oder *äußeren* Verursachung. Neuere Darstellungen meiden die monokausale Betrachtungsweise und pauschale Urteile. Es zeigte sich, daß in jedem Entwicklungsland das Mischungsverhältnis der Ursachen anders sein dürfte.

Als Abiturthema kann die "Dritte Welt" in mehreren Fächern angeboten werden. Für das Geschichtsabitur sind Fragen typisch, die:

- bestimmte Ereignisse betreffen, etwa den algerischen Freiheitskampf, den Vietnamkrieg oder die islamische Revolution im Iran
- auf Konfliktherde eingehen, etwa auf den israelisch-arabischen Konflikt oder die Apartheidspolitik in Südafrika
- die Entwicklung in einem bestimmten Kontinent oder einem der Länder der Dritten Welt thematisieren, etwa in Afrika bzw. in einem Land wie Indien
- auf die Rolle bestimmter Organisationen abheben wie z.B. der ☞UNO, der ☞UNCTAD oder der ☞OPEC
- kategorial vorgehen, etwa die Auswirkungen des Ost-West-Konflikts auf die Entwicklungsländer analysieren bzw. die Ursachen für das Scheitern der bisherigen Entwicklungspolitik darstellen lassen
- Entwicklungskonzepte und -perspektiven zur Diskussion stellen, etwa die Wachstumsstrategie, die Modernisierungsstrategie, die Grundbedürfnisstrategie oder die Dependenztheorie

Den besonderen Reiz des Themas "Dritte Welt" macht seine Nähe zur politischen Aktualität aus: Nicht nur in Europa sind in den letzten Jahren bedeutende Veränderungen eingetreten. Die friedliche Überwindung des Ost-West-Konflikts fand auch in anderen Weltregionen ihren Widerhall:

1987	Der Friedensplan des Präsidenten von Costa Rica, Arias, trug wesentlich zur Entspannung in Zentralamerika (= Guatemala, Nicaragua und El Salvador) bei.
1988	Die UNO vermittelte einen Waffenstillstand nach acht Jahren blutigem Krieg zwischen dem Iran und dem Irak.
1989	Die sowjetischen Truppen zogen endgültig aus Afghanistan ab, die vietnamesischen Truppen verließen Kambodscha.

1990 Der dreizehn Jahre währende Krieg zwischen Angola und Südafrika, in den auch Kuba verwickelt war, endete; Namibia erreichte seine Unabhängigkeit.

1991 Der Einsatz alliierter Truppen führte im Golfkrieg zur Wiederherstellung der Souveränität Kuwaits; der dreißigjährige Krieg Äthiopien-Eritrea fand nach dem Sieg über das sozialistische System Mengistus ein vorläufiges Ende; schließlich schlossen die Bürgerkriegsparteien in Angola mit internationaler Vermittlung einen Waffenstillstand.

Doch nur ein Teil der regionalen Konflikte in der Dritten Welt konnte damit befriedet werden, wobei noch ungewiß ist, wie stabil die getroffenen Regelungen sind. Die Risiken solcher Konflikte, das machte der 2. Golfkrieg klar, sind nicht mehr auf die Länder der Dritten Welt begrenzbar.

Ungelöst sind bis heute auch zwei Probleme, die in den letzten Jahren drängend wurden: die Schuldenkrise der Entwicklungsländer und die wachsenden Umweltprobleme. Für die fortschreitende Verwüstung, z.B. in der Sahel-Zone, und das Abholzen der Regenwälder, z.B. am Amazonas, sind auch die Industrieländer verantwortlich. Die längerfristigen Folgen dieses Raubbaus an der Natur treffen nicht nur die Entwicklungsländer, sondern sind von weltweiter Bedeutung.

Zudem bedrohen in Afrika erneut grausame Stammes- und Clanfehden (Ruanda, Burundi, Somalia) den inneren Zusammenhalt vieler Staaten. Außerdem wird die Neuorientierung des Hauptaugenmerks vieler Geberländer auf die neuen Staaten Osteuropas und das Alleinlassen bei der Lösung drängender Probleme (z.B. AIDS, Bevölkerungswachstum) beklagt.

Den stark anti-westlich geprägten Fundamentalismus in weiten Teilen der islamischen Welt (z.B. in Algerien, Ägypten und der Türkei; Einführung der Sharia = direkte Übertragung von Vorschriften des Koran auf gesellschaftspolitischem Gebiet z.B. in Pakistan, im Iran und im Jemen) verstehen weite Teile der Öffentlichkeit in Europa als Bedrohung.

Diese Erkenntnisse legen es nahe, bei Abituraufgaben aus dem Themenbereich "Dritte Welt" auch das affektive Lernziel anzusprechen: die Bereitschaft, Auswirkungen des Nord-Süd-Konfliktes auf die eigene Lebens- und Interessenlage zu reflektieren sowie die eigenen Handlungsmöglichkeiten zu bedenken.

4.8.4 Transferfragen

Wenn Sie sich nicht mehr genau erinnern, worauf es bei Transferfragen ankommt, sollten Sie zu Kapitel 3.4 zurückblättern. Dort wurde erläutert, daß diese Aufgabenart eine Mischform aus den Anforderungsbereichen "Anwenden" und "Urteilen" darstellt; gewonnene Einsichten sollen selbständig auf ein anderes Thema übertragen werden.

Beispiel:

Weshalb ist die Friedenssicherung im indisch-pakistanischen Konflikt ähnlich schwierig wie im arabisch-israelischen Konflikt?

(Wir gehen davon aus, daß:

1. die Auseinandersetzung Israels mit den arabischen Staaten intensiv vorgeklärt ist: Kenntnisse über Ursachen, Verlauf und Friedenshemmnisse also als reproduktive Leistung abgeprüft werden können,
2. andererseits das indisch-pakistanische Verhältnis nur in einzelnen Grundzügen behandelt wurde oder Informationen dazu als Material der Abituraufgabe beiliegen.)

Der Lösungsweg könnte so aussehen:

1. Zu erläutern sind zunächst die Hemmnisse bei der Friedensfindung im Nahen Osten.
2. Dann sind die Konfliktstrukturen auf dem indischen Subkontinent darzulegen.
3. Schließlich sollte die wertende Festlegung "ähnlich schwierig" untersucht werden. Dabei ist das Augenmerk darauf zu legen, daß "ähnlich" nicht "gleich" bedeutet, Unterschiede also nicht verwischt werden dürfen, sondern herausgearbeitet werden müssen.

Mögliche Lösung:

Friedenshemmnisse im israelisch-arabischen Konflikt:

Vier Kriege wurden bisher geführt:

1948/49	Bürgerkrieg zwischen Juden und Arabern nach dem Teilungsbeschluß der UNO
1956	in Abstimmung mit Frankreich und England im Suezkonflikt
1967	der Sechs-Tage-Krieg
1973	der Jom-Kippur-Krieg

Dazu kommen zahlreiche begrenzte militärische Aktionen, Terrorismus, seit Ende 1987 die Intifada. Der Konflikt ließ sich jedoch nicht mit Gewaltanwendung lösen, eher verschärfte sich die Situation. Deshalb intensive Bemühungen um eine umfassende Friedenslösung unter Vermittlung der USA, die seit 1992 Teilerfolge erbrachte:

1993	Umsetzung des Gaza-Jericho-Abkommens, d.h. gegenseitige Anerkennung von PLO und Israel und begrenzte autonome Verwaltung des Gazastreifens und der Stadt Jericho durch die PLO
1974	Friedensvertrag zwischen Jordanien und Israel

Als Kernprobleme sind die Errichtung eines palästinensischen Staates, die Anerkennung Israels durch die Araber sowie die Garantie der Grenzen Israels zu nennen. Die territorialen und sicherheitspolitischen Vorstellungen beider Seiten scheinen unvereinbar.

Es ist nicht nur ein politischer, sondern zugleich ein religiöser, kultureller und wirtschaftlicher Konflikt. Rechtsansprüche werden sowohl von Israelis als auch von Palästinensern geschichtlich begründet. Der Nahe Osten war zudem lange Zeit Austragungsort des Ost-West-Konfliktes. Durch massive militärische und finanzielle Unterstützung garantierten die USA die Existenz Israels - die Sowjetunion und die Ostblockstaaten unterstützten mit Waffenlieferungen und Wirtschaftshilfen die arabische Seite. Mehrmals brachte der Nahostkonflikt die Supermächte an den Rand einer bewaffneten Konfrontation. Die weltweite Entspannung der letzten Jahre bietet nun die Chance zu einer einvernehmlichen Lösung zwischen den Supermächten. Als hemmend für die Konfliktlösung hat sich besonders die geringe Kompromißbereitschaft beider Seiten ausgewirkt, die sich schon in der gegenseitigen "Nichtanerkennung" zeigte. Mißtrauen herrscht von Israel, aber auch von einzelnen arabischen Staaten und Teilen der ☞PLO gegenüber einer Vermittlerrolle der UNO.

Friedenshemmnisse im indisch-pakistanischen Konflikt:

Auch hier sind vier kriegerische Auseinandersetzungen festzustellen:

1947	Bürgerkrieg mit landesweiten Massakern und riesigen Flüchtlingswellen vor und während der Teilung Indiens
1947	1. Kaschmir-Invasion Pakistans
1965	Testkrieg um das Rann von Katsch und 2. Kaschmir-Invasion
1971	3. indisch-pakistanischer Krieg: Bengalenkrise, aus Ostpakistan wird Bangladesch

Der Streit um die Zugehörigkeit Kaschmirs ist der bedeutsamste Belastungsfaktor der beiderseitigen Beziehungen. Kaschmir wird aufgrund seiner mehrheitlich islamischen Bevölkerung von Pakistan, aus strategischen Gründen von Indien beansprucht. Beide Seiten ignorieren dabei, daß das kaschmirische Volk mit deutlicher Mehrheit nicht Anschluß, sondern politische Selbständigkeit sucht. Der Konflikt hat seine Ursachen in machtpolitischen Gegensätzen, da Indien in der südasiatischen Region aufgrund seines wirtschaftlichen, bevölkerungsmäßigen, militärischen und kulturellen Übergewichts eine Hegemonialstellung beansprucht. Es ist zugleich eine religiöse Auseinandersetzung zwischen Hindus und Moslems.

Bis etwa 1970 und dann wieder seit der sowjetischen Afghanistan-Invasion 1979 versuchten die Supermächte, den Regionalkonflikt für ihre globalstrategischen Interessen einzuspannen, doch weder Indien noch Pakistan ließen sich auf Dauer außenpolitisch von den Supermächten bevormunden. Eine neue Qualität erhielt der Konflikt durch einen verdeckten nuklearen Rüstungswettlauf zwischen Indien und Pakistan: 1974 wurde die erste indische Kernwaffe gezündet, 1989 testete Pakistan eine eigene Langstreckenrakete. Entscheidend für die geringe Fähigkeit zur Zusammenarbeit ist bis heute die Neigung beider Regierungen, für innenpolitische Probleme und Unruhen den jeweiligen Nachbarstaat verantwortlich zu machen: So beschuldigt Indien in letzter Zeit Pakistan der Ermutigung und Ausbildung von Sikh-Extremisten. Die labilen gesellschaftlichen und politischen Verhältnisse in beiden Staaten könnten militärisches Abenteurertum begünstigen.

Vergleich der Konfliktstrukturen und der Möglichkeiten der Friedenssicherung:

Ähnlich sind die Komplexität des Konfliktes, das Alter und die Heftigkeit der Auseinandersetzung in beiden Regionen. Auch die hohe Zahl an Opfern erschwert hier wie dort den Weg zum Frieden. Unterschiedlich ist, daß in der Vergangenheit die Gesprächsbereitschaft zwischen Indien und Pakistan stets erhalten blieb, ernsthafte Friedensgespräche zwischen Israel und den arabischen Staaten aber wegen der Anerkennungsprobleme erst gar nicht in Gang kamen. (Ausnahme: ägyptisch-israelischer Friedensvertrag von 1978)

Der Einfluß der Supermächte ist im indisch-pakistanischen Konflikt deutlich geringer als im Nahen Osten, da dort vitale Interessen der Industrieländer berührt werden (siehe Golfkrieg!). Doch ist festzustellen, daß es auch in der Vergangenheit nicht unbedingt Ziel der beiden Weltmächte war, militärische Auseinsetzungen zu provozieren, deren Ausgang nicht kalkulierbar war.

Indien und Pakistan gehören heute zu den militärisch bestausgerüsteten Staaten der Dritten Welt. Ähnlich wie im Nahen Osten wird ein hoher Anteil der Staatshaushalte für Rüstung ausgegeben. Die militärischen Potentiale wirkten in der Vergangenheit nicht immer abschreckend.

Der entscheidende Unterschied zwischen dem israelisch-arabischen und dem indisch-pakistanischen Konflikt aber liegt darin: Indien und Pakistan bedrohen sich als Staaten nicht existenziell; der Spielraum für einen Kompromiß im Nahen Osten war angesichts der israelischen und palästinensischen Ansprüche gering. Die israelische Siedlungspolitik, das Jerusalemproblem und die soziale Situation im Gazastreifen und den besetzten Gebieten verschärften die Lage.

Checkliste

Folgendes sollten Sie bei dieser Aufgabenart beachten:

- ✓ Unmögliches wird auch hier nicht verlangt!
- ✓ Der Vergleich bezieht sich meist auf strukturelle Übereinstimmungen!
- ✓ Die Erfahrung zeigt, daß sich geschichtliche Ereignisse nie vollkommen gleichen! Auf die Unterschiede kommt es meist besonders an!

4.8.5 Übungen

Aufgaben:

1. Der algerische Befreiungskampf:

   Aus der Erklärung des damaligen französischen Innenministers François Mitterand am 5.11.1954:

   Algerien ist Frankreich; von Flandern bis zum Kongo gibt es nur ein Gesetz, nur eine Nation, nur ein Parlament. So will es die Verfassung, so wollen wir es. (...) Die einzige Verhandlung ist der Krieg.

   - Welche Haltung gegenüber den Zielsetzungen der algerischen Befreiungsbewegung spricht aus diesen Sätzen?
   - Warum fiel der Verzicht auf Algerien weiten Kreisen der französischen Politik besonders schwer?
   - Worin besteht die historische Leistung de Gaulles bei der Lösung der Algerienfrage?

2. Die soziale Entwicklung in den südamerikanischen Ländern:
   - Zeigen Sie an einem selbst gewählten Beispiel aus Südamerika die Probleme der "Metropolisierung" auf!
   - Hat sich die Abhängigkeit Südamerikas von den Industriestaaten aufgrund der Industrialisierung abgeschwächt oder in Wirklichkeit sogar noch verstärkt?
   - Warum treten gerade in "Schwellenländern" wie Argentinien und Brasilien ökologische Probleme immer mehr in den Vordergrund?

3. Die Volksrepublik China:
   - Worin unterscheidet sich die Lehre Mao Tse-tungs vom Marxismus-Leninismus sowjetischer Prägung?
   - Wie läßt sich das hohe Ansehen erklären, das die Volksrepublik China in den 60er und 70er Jahren in vielen Entwicklungsländern genoß?
   - Stellen Sie kurz die Wandlungen der chinesischen Außenpolitik zwischen 1950 und 1990 dar, und beschreiben Sie deren Ursachen!

4.9 Musterlösungen zum 4. Kapitel

Musterlösung zu 4.2.5:

Aufgabe 1:

Der Autor ist Zeitzeuge und beschreibt/rechtfertigt im wesentlichen sein Verhalten während der Revolution und danach und seine Gedanken nach ihrem Scheitern. Er gehört den "gebildeteren Kreisen" (Z. 22) an, in denen er für die Revolution agitiert. Er weiß sich literarisch auszudrücken und denunziert das "Neckarbundsgesindel" (Z. 14), also die Revolutionäre der Arbeiterschicht. Er muß über eine gewisse finanzielle Unabhängigkeit verfügen, sonst könnte er sich einen vierwöchigen Besinnungsurlaub nicht leisten.

"An der Revolution in Baden" hat der Verfasser "keinen Anteil genommen". Wenngleich der Bezug mehrdeutig ist, wendet sich v. Scheffel hier wohl gegen linke, möglicherweise auch republikanische Bestrebungen. Nachdrücklich nimmt er konservativ und sogar reaktionär genannte Kreise als "gemäßigte Stufe des Revolutionärseins" in Schutz (Z. 36). Wenn er sich selbst als "Biedermann" bezeichnet, kann dies auch satirisch gemeint sein. Gleichzeitig ist er ein entschiedener Gegner des Absolutismus und der reaktionären Verfolgung der Revolutionäre, die er als Werk der preußischen "Pickelhauben" wertet.

Daraus folgt, daß v. Scheffel dem gemäßigt liberalen Lager der Revolutionäre zuzurechnen ist.

Aufgabe 2:

Die chronologische Reihenfolge der Briefe lautet 2-4-1-3. In Brief 2 ist für ihn die Revolution zwar schon gescheitert, er spricht aber noch davon, was notwendig gewesen wäre, um ihr zum Sieg zu verhelfen. Am Ende des Briefes 4 verabschiedet sich v. Scheffel von der Politik, nachdem er darüber räsoniert, wie die Basis der Revolution zu verbreitern gewesen wäre. In Brief 1 beschreibt v. Scheffel die Situation im Deutschland nach der Revolution: Die Reaktionszeit mit Denunziationen und der Verbreitung des Opportunismus setzt ein. Der Brief 3 beinhaltet die grundsätzliche Resignation v. Scheffels, der sich auf den Individualismus besinnt, nachdem er zur Einsicht gekommen ist, daß die Verwirklichung von politischen Hoffnungen zu sehr von menschlichen Unwägbarkeiten abhängig ist.

Aufgabe 3:

Fakten:

- v.Scheffels Nichtbeteiligung an der Revolution in Baden 1849
- antipreußische Stimmung im badischen Bürgertum
- Situation während der Reaktionszeit

Wertungen:

- Neckarbundsgesindel treibt Schindluder mit der deutschen Freiheit
- Mairevolution in Baden so, daß er sich nicht beteiligen konnte
- Opportunismus und die "Ergebenheitskriechereien" gegenüber den Behörden nach der Niederlage der Revolution

Aufgabe 4:

Der Text wendet sich gegen "Absolutismus" und Gottesgnadentum und macht eine grundsätzliche Haltung für die "deutsche Freiheit" deutlich. Detaillierte politische Vorstellungen lassen sich nicht finden, außer einer nachhaltig anti-preußischen Grundhaltung, die es nicht sehr wahrscheinlich macht, daß der Verfasser dem Verfassungsentwurf von 1849 zugestimmt hat, der die Krone des "Deutschen Kaisers" dem preußischen König antrug.

Der Text ist außderdem von der weitverbreiteten bürgerlichen Furcht durchzogen, die Revolution könnte sich zu sehr radikalisieren. An manchen Stellen macht sich eine gewisse Realitätsferne und Selbstverliebtheit geltend (Urlaub im Odenwald, Abschied von der Politik), die auch die Debatten mancher Sitzungen der Nationalversammlung durchzog.

Aufgabe 5:

Der Schluß, daß politisches Handeln immer von Scheitern begleitet ist und daß eine Hinwendung zum reinen Individualismus dem Abschied von der Politik folgt, ist nicht ungefährlich:

- Er bietet nicht "Kompromiß" an als Folge der Tatsache, daß sich politische Forderungen nicht vollständig durchsetzen lassen.
- Er befördert ein unpolitisches Dasein, das seine Erfüllung in anderen Dingen sieht, das aber auch widerstandslos alles hinnimmt, was die politische Ordnung verlangt.

Der innere Rückzug politisch bewußter Bürger hat nicht nur in der Zeit von 1849 bis 1918 zur Folge gehabt, daß eine autoritäre Führung Ziele verfolgen konnte, die im Widerspruch zu den Interessen der Mehrheit des Volkes standen.

Musterlösung zu 4.3.5:

Agrarreformen, Bauernbefreiung und Gewerbefreiheit führen zu einer Überbevölkerung, "die zur Katastrophe zu werden drohte" (Z. 8), als die Industrialisierung in Deutschland eine Krise durchlief. Das Massenelend, der Pauperismus, wurde zur alltäglichen Erscheinung, die auch im Empfinden der Zeitgenossen etwas grundsätzlich Neues darstellte. Für die Schicht, die nach Auflösung der feudalen Bindungen und mangels Aufnahmefähigkeit der Industrie infolge Überbevölkerung in Armut stürzte, wurde der Begriff des "Proletariats" geprägt, im Unterschied zum "Pöbel" der vorangegangenen Epoche.

Musterlösung zu 4.4.5

Aufgabe 1:

- "verächtliche Stellung" = die nach Peters Meinung ungenügende imperiale Ausdehnung Deutschlands im Vergleich zu anderen europäischen Nationen, "materielle Vorteile" = Bezug von Rohstoffen und Absatzmöglichkeiten auf anderen Märkten durch die Kolonialbewegung; möglicherweise auch die Förderung von Auswanderungsmöglichkeiten für Menschen, deren Arbeitskraft der einheimische Markt nicht mehr aufnehmen kann.

Aufgabe 2:

Grundkonzeption wie im "Kissinger Diktat" niedergelegt:

Konsolidierung des Reiches durch Ableiten der Spannungen an die Peripherie und durch Bündnisse, die bewirken, daß alle europäischen Mächte außer Frankreich Deutschland brauchen.

Verwirklichung: Bündnisse bis 1889 (Zweibund, Dreibund, Mittelmeerentente, Rückversicherungsvertrag) + Berliner Kongreß. Kolonialpolitik als innenpolitisches Zugeständnis an den Zeitgeist; eigentlich eine Störung der Bismarckschen Europapolitik, weil sie Gegensätze zu anderen Mächten beinhaltet, die Bismarck im Bezug auf Europa vermeiden will.

Aufgabe 3:

Wilhelm II. und seine Reichskanzler versuchten Peters imperialistische Forderungen weltweit durchzusetzen, wobei ihnen allerdings keine spektakulären Erfolge mehr gelangen. Im Helgoland-Sansibar-Vertrag zog sich 1890 das Deutsche Reich sogar aus dieser ostafrikanischen Besitzung zurück. Der Pachtvertrag von Tsingtao 1897/98, der Ankauf der pazifischen Marianen, Karolinen und Palau-Inseln 1899, sowie die Teilung von Samoa mit den USA mögen im Zusammenhang mit der Flottenpolitik als Stützpunkte ihren Wert besessen haben, weitere Pläne in Afrika (Spekulationen über den Kolonialbesitz Portugals, Marokko) scheiterten und trugen zur Isolierung Deutschlands bei.

Deutsche imperialistische Projekte im Orient, z.B. die Bagdad-Bahn zielten nicht auf territoriale Erwerbungen, sondern hatten rein ökonomisch-strategische Ziele.

Allerdings hat sich die deutsche Politik nicht ausschließlich auf die von Peters genannten Ziele konzentriert. Von v. Caprivi bis Bethman-Hollweg blieb Mitteleuropa im Blickfeld der deutschen Reichskanzler, angefangen von den Handelsverträgen v. Caprivis bis zum Blankoscheck Deutschlands für Österreich in der Serbien-Frage.

Aufgabe 4:

(Zum ersten Teil der Antwort siehe 4.4.3, Musterlösung zu Aufgabe 3)

Bismarck war sicher kein Friedenspolitiker moderner Prägung. Er bestand auf dem Mittel Krieg, wenn dieser der einzige Weg und erfolgreich (an einer Front) zu führen war. Dies belegen die Einigungskriege von 1864 bis 1871. Daß Bismarck keinen weiteren Präventivkrieg führte, verdankt sich der Tatsache, daß er das Deutsche Reich als saturiert betrachtete und keine weitere Machtausdehnung plante. Sein Alptraum von gegen Deutschland gerichteten Koalitionen ("cauchemar des coalitions") ließ ihn in der Krieg-in-Sicht-Krise 1875 vorsichtig taktieren.

Von 1871 bis 1890 suchte er Krieg zu vermeiden, weil es für ihn kein vernünftiges Kriegsziel mehr gab. In diesem Sinne trug er zu einer Entspannung der konfliktträchtigen Zeit von 1871 bis 1890 bei.

Wenn man weiter geht und "Friedenspolitik" als das Bemühen definiert, international zu einem Interessenausgleich zu gelangen, um möglichen Konflikten die Grundlage zu entziehen, kann man Bismarck sicher kaum als Friedenspolitiker bezeichnen: Sein Beharren auf der Isolation Frankreichs macht dies deutlich, genauso wie das Festhalten an Österreich-Ungarn mit seinen inneren, nationalen Widersprüchen. Sein Auftreten als "ehrlicher Makler", z.B. auf dem Berliner Kongreß 1878, beruhte weniger auf der Einsicht, daß nur ein wirklicher Interessenausgleich internationale Stabilität nach sich ziehen kann, als vielmehr auf der Durchsetzung der deutschen Interessen, wie im Kissinger-Diktat von Bismarck festgelegt.

Musterlösung zu 4.5.5

Aufgabe 1 a):

Weltfrieden heißt nicht nur die weltweite Abwesenheit von Krieg, sondern meint eine gerechte Weltordnung, deren Stabilität auch von ausgeglichenen Verhältnissen innerhalb der einzelnen Staaten garantiert wird.

Aufgabe 1b):

Folgende Punkte soll der Vergleich enthalten:

Friedliche Koexistenz:

- Kapitalismus/Imperialismus = aggressiv
- Sozialismus = überlegen
- Beziehungen = "friedliche Koexistenz" von Staaten unterschiedlicher Gesellschaftsordnung = günstige Bedingung für die "Arbeiterklasse" und die Befreiungsbewegungen

=> Die UdSSR unterstützt pazifistische Bewegungen, interveniert bei bewaffneten Konflikten weltweit, vermeidet aber Konflikte mit den USA.

Four Freedoms:

- Frieden ohne Freiheit ist kein Friede/keine Sicherheit
- Freiheit muß überall auf der Welt durchgesetzt werden
- in Gestalt der Meinungs-, Rede- und Religionsfreiheit, der Freiheit von Not (wirtschaftliche Freiheit) und Angst (friedliche Konfliktlösung)

=> Die USA wollen Weltfrieden auf dieser Basis durchsetzen.

Aufgabe 1c):

Zusammenfassung:

Aus dem Vergleich folgt ein Gegensatz, der die Grundlage für den Kalten Krieg formuliert: Die UdSSR ist für Frieden als Bedingung für die Durchsetzung des Sozialismus, die USA kämpfen für den endgültigen Sieg von "freedom and democracy".

Aufgabe 2 a):

UdSSR:

Die Sowjetunion betreibt eine Weltpolitik, die darauf abzielt, ihren Einfluß in der Welt zu vergrößern. Dazu versucht sie Partner in der Bewegung der blockfreien Staaten zu finden, auch wenn diese nicht direkt sozialistisch sind (Ägypten, Indien, Irak, Somalia etc.). Daneben unterstützt sie sozialistische Regime (Kuba, Nordvietnam) oder verhilft sozialistischen Militärs und Befreiungsbewegungen zur Übernahme der Macht (Äthiopien, Angola, Afghanistan). Gleichzeitig läßt sie es zu keiner direkten Konfrontation mit dem Westen kommen, sondern sucht die ökonomische Zusammenarbeit mit westlichen Staaten im Rahmen ihrer Weltanschauung. Die "Bruderparteien" im Westen werden ideologisch und materiell unterstützt, soweit sie sich im Rahmen des Eurokommunismus nicht zu weit von der UdSSR entfernen.

Die Ära der SALT-Verträge zeigt die UdSSR auf dem Höhepunkt ihres weltweiten Einflusses im Rahmen der "friedlichen Koexistenz": Die USA anerkennen sie faktisch als zweite Supermacht und suchen sie über Rüstungskontrolle berechenbar zu halten. In der Auseinandersetzung um die Menschenrechte macht die UdSSR im Rahmen des Helsinki-Abkommens der 1. KSZE Zugeständnisse.

Die Ära Gorbatschow bringt eine Selbstkritik der UdSSR an den bisherigen Mitteln der Politik der "friedlichen Koexistenz": Ab 1985 wird versucht, in echten Abrüstungsverträgen und über die Regelung lokaler Konflikte (z.B. Nicaragua) zu einer wirklichen Verständigung mit den USA zu gelangen.

Das Fallenlassen der Breshnew-Doktrin bewirkt das Ende des Kommunismus in den osteuropäischen Statellitenstaaten des Warschauer Paktes und schließlich der Sowjetunion in ihrer alten Form selbst.

Aufgabe 2 b):

USA:

Nach dem offenen Zutagetreten des Gegensatzes, den die Anti-Hitler-Koalition in sich barg, nach der Sowjetisierung Osteuropas und dem Sieg Mao Tse-tungs, besinnen sich die USA auf die Eindämmungspolitik (☞"containment") als Mittel, den Vormarsch des Kommunismus zu stoppen. Dieses Ziel zwingt sie zu Kompromissen in Sachen Demokratie: Vor allem in der Dritten Welt werden zunächst auch Regime unterstützt, die diktatorisch regiert werden oder weit entfernt vom westlichen Verständnis von Demokratie sind (z.B. Philippinen unter Marcos, Südvietnam unter Diem und Thieu, Iran unter dem Schah, viele Staaten in Süd- und Mittelamerika). Vereinzelt werden sogar demokratisch an die Macht gekommene Politiker der Linken mit amerikanischer Unterstützung gestürzt (z.B. Allende in Chile, 1973).

Dadurch verlieren die militärischen Interventionen der USA in Korea, Indochina (im Rahmen der Domino-Theorie), Dominikanische Republik, Grenada und Panama an Glaubwürdigkeit, was den amerikanischen Einsatz für Demokratie und Menschenrechte angeht.

Nach den Präsidenten Truman, Eisenhower, Kennedy und Johnson und der Formierung von Bündnissen gegen die Ausbreitung des Kommunismus verfolgen Nixon, Ford und Carter eine Politik der Entspannung, deren Höhepunkt die SALT-Abkommen sind. Die konservative Wende unter Reagan läßt den Gegensatz zur UdSSR wieder neu aufleben: Die Nichteinhaltung der Menschenrechte wird der UdSSR konsequent vorgehalten (1. KSZE, Helsinki-Abkommen), ein massives Aufrüstungsprogramm wird beschlossen, die demokratischen Bewegungen werden auch in anderen Staaten unterstützt (Südkorea, Philippinen, Sanktionen gegen das Apartheid-Regime in Südafrika). Vorläufiger Gipfelpunkt der Politik für Demokratie und freien Welthandel ist die von Bush formulierte "neue Weltordnung", die den Sieg amerikanischer Weltfriedensvorstellungen verkündet. Die Sowjetunion, als Bedrohung des Weltfriedens und konkurrierende Supermacht aus amerikanischer Sicht, existiert nicht mehr.

Allerdings haben der 2. Golfkrieg (der irakische Diktator Saddam Hussein bleibt an der Macht) und die weiter existierende Putschgefahr in der Dritten Welt (Haiti im Oktober 1991) gezeigt, daß Demokratie und amerikanische Wertvorstellungen sich längst nicht überall durchgesetzt haben.

5. Abituraufgaben und Musterlöungen

5.1 Abituraufgaben

Aufgabe 1:

Zu Kapitel 4.3: Industrialisierung und Soziale Frage

Abiturprüfung 1988, Baden-Württemberg, Grundkurs, Aufgabe 1: Industrialisierung und Arbeiterbewegung

Der Staatsrechtler Robert von Mohl schreibt 1835 in einem Aufsatz:

Es liegt nämlich bei den fabrikmäßigen Betrieben auf flacher Hand[1], daß der gewöhnliche Arbeiter außerordentlich selten zu einem selbständigen, auf eigene Rechnung betriebenen Gewerbe gelangen kann und daß er also keine andere Aussicht vor sich hat, als sein ganzes Leben lang der für den Vorteil eines anderen, in der Regel für spärlichen Lohne, sich abarbeitende Taglöhner zu sein. Zur Anlegung und Betreibung einer beträchtlichen Fabrik gehören so große Kapitalien, daß auch die ängstlichste, jahrelang fortgesetzte Sparsamkeit eines unbemittelten Arbeiters ihm dieselbe nie verschaffen kann. Ein Anfang ganz im kleinen und eine mittels desselben aufsteigende Erweiterung des Geschäfts ist, aus den oben bereits angedeuteten Ursachen, in den meisten Fällen gar nicht möglich, die Konkurrenz der großen Fabriken erdrückt solche Versuche.
Überdies erfordert die Leitung eines Fabrikgeschäftes, der Einkauf des Materials, der Vertrieb der Erzeugnisse so vielerlei Kenntnisse und kaufmännische Verbindungen, daß schon dadurch der gewöhnliche Arbeiter abgehalten wäre, wenn auch ausnahmsweise die anderen Bedingungen zu einem selbständigen Geschäfte vorhanden wären. (...)

---

[1] "Auf flacher Hand liegen": auf der Hand liegen, offenbar sein.

Dazu kommt noch weiter, daß der Fabrikarbeiter in hohem Grade abhängig ist von seinem Lohnherrn, und zwar in dem ganz ungünstigen Verhältnis einer zahlreichen Nachfrage und eines nur von wenigen ausgehenden Angebots. Will er nicht Hungers sterben mit den seinigen, so muß er in einer Fabrik arbeiten, ein wesentlicher Teil seiner Person ist die Maschinerie, welche einem Dritten gehört. Getrennt von dieser ist er gar nichts. Er ist deshalb auch ganz außerstand, durch seine isolierten Bemühungen unbilligen Forderungen und unzureichender Bezahlung sich mit Erfolg zu widersetzen. Welche Mittel hätte er dagegen? Gewaltsamer Widersetzung oder Bedrohung des Herrn oder seines Eigentums wird übermächtiger Widerstand und strenge Strafe vom Staate entgegengesetzt. (...)

Von selbst klar sind die Einwirkungen der bisher geschilderten Verhältnisse auf die politische Stimmung der Fabrikarbeiter. Arme und oft mit Verzweiflung ringende, körperlich und sittlich heruntergesunkene Menschen, welche das eigene Leben nur eine endlose Reihe von Mühseligkeiten darbietet, der Zustand der höheren Klassen aber, namentlich derjenigen, mit welcher sie zunächst in Berührung kommen, nämlich der Fabrikherren, als das Ergebnis des an ihnen begangenen Raubes oder wenigstens als der Gegenstand bitteren Neides erscheinen muß, können nicht anders als höchst mißvergnügt und zu jeder Änderung bereit sein.

(aus: o.A., Geschichte in Quellen, Das bürgerliche Zeitalter 1815-1914, München 1980, S. 750ff.)

Aufgaben:

1. Skizzieren Sie wesentliche Voraussetzungen für die Gründung eines "fabrikmäßigen Betriebes" (Z. 1) in der Frühphase der Industrialisierung! Beziehen Sie die Aussagen des Textes mit ein! (10 VP)
2. a) Zählen Sie die Merkmale auf, die nach Ansicht des Verfassers die Lage der Arbeiter zu Beginn der Industrialisierung in Deutschland kennzeichnen! (8 VP)
   b) Ergänzen Sie diese Aufzählung durch weitere Merkmale! (6 VP)
3. Versuchen Sie, Schlüsselbegriffe des Marxismus den im Text beschriebenen Verhältnissen zuzuordnen! (12 VP)
4. Stellen Sie dar, wie die Arbeiterschaft im Deutschland des 19. Jahrhunderts versucht hat, ihre Lage zu ändern! (12 VP)
5. Beschreiben Sie die Politik Bismarcks gegenüber der Arbeiterschaft, und setzen Sie sich mit dieser Politik auseinander! (12 VP)

Mögliche Gesamtpunktzahl: 60 VP

Aufgabe 2:

Zu Kapitel 4.4: Das Zeitalter des Imperialismus und das Deutsche Reich

Abiturprüfung 1989, Bayern, Leistungskurs, Aufgabe G IV: Von der europäischen Gleichgewichtspolitik zur Weltpolitik, Internationale Politik im 18. und 19. Jahrhundert

Aus Bismarcks "Gedanken und Erinnerungen":

(...) Die Lage war eine schwierige; allen Generalen war die Abneigung gemeinsam, den bisherigen Siegesverlauf abzubrechen, und der König war militärischen Einflüssen im Laufe jener Tage immer öfter und bereitwilliger zugänglich als den meinigen (...)
Ich machte mich nun an die Arbeit, die Gründe zu Papier zu bringen, die m.E. für den Friedensschluß sprachen, und bat den König, wenn er diesen meinen verantwortlichen Rath nicht annehmen wolle, mich meiner Ämter als Minister bei der Weiterführung des Krieges zu entheben. Mit diesem Schriftstücke begab ich mich am folgenden Tage zum mündlichen Vortrag (...)
Oestreich schwer zu verwunden, dauernde Bitterkeit und Revanchebedürfniß mehr als nötig zu hinterlassen, müßten wir vermeiden, vielmehr uns die Möglichkeit, uns mit dem heutigen Gegner wieder zu befreunden, wahren und jedenfalls den österreichischen Staat als einen Stein im europäischen Schachbrett und die Erneuerung guter Beziehungen mit demselben als einen für und offen zu haltenden Schachzug ansehn. Wenn Oestreich schwer geschädigt wäre, so würde es der Bundesgenosse Frankreichs und jedes Gegners werden; es würde selbst seine antirussischen Interessen der Revanche gegen Preußen opfern.

Auf der anderen Seite könnte ich mir keine für uns annehmbare Zukunft der Länder, welche die österreichische Monarchie bildeten, denken, falls letztere durch ungarische oder slavische Aufstände zerstört oder in dauernde Abhängigkeit versetzt werden sollte. Was sollte an die Stelle Europas gesetzt werden, welche der österreichische Staat von Tyrol bis zur Bukowina bisher ausfüllt? Neue Bildungen auf dieser Fläche könnten nur dauernd revolutionärer Natur sein. Deutsch-Oestreich könnten wir weder ganz, noch theilweise brauchen, eine Stärkung des preußischen Staates durch Erwerbung von Provinzen wie Oestereichisch-Schlesien und Stücken von Böhmen nicht gewinnen, eine Verschmelzung des deutschen Oestreichs mit Preußen würde nicht erfolgen, Wien als ein Zubehör von Berlin aus nicht zu regieren sein. (...)

Gegen alles dies erhob der König keine Einwendung; aber die vorliegenden Bedingungen erklärte er für ungenügend, ohne jedoch seine Forderungen bestimmt zu formulieren: Nur soviel war klar, daß seine Ansprüche seit dem 4. Juli gewachsen waren. Der Hauptschuldige könne doch nicht ungestraft ausgehn, die Verführten könnten wir dann leichter davonkommen lassen, sagte er, und bestand auf den schon erwähnten Gebietsabtretungen von Oestreich. Ich erwiderte: Wir hätten nicht eines Richteramts zu walten, sondern deutsche Politik zu treiben; Oestreichs Rivalitätskampf sei nicht strafbarer als der unsrige gegen Oestreich; unsre Aufgabe sei Herstellung oder Anbahnung deutsch-nationaler Einheit unter Leitung des Königs von Preußen.

Auf die deutschen Staaten übergehend, sprach er von verschiednen Erwerbungen durch Beschneidung der Länder aller Gegner. Ich wiederholte, daß wir nicht vergeltende Gerechtigkeit zu üben, sondern Politik zu treiben hätten, daß ich vermeiden wolle, in dem künftigen deutschen Bundesverhältniß verstümmelte Besitze zu sehn, in denen bei Dynastie und Bevölkerung der Wunsch nach Wiedererlangung des früheren Besitzes mit fremder Hilfe nach menschlicher Schwäche leicht lebendig werden könnte; es würden das unzuverlässige Bundesgenossen werden. (...)

(aus: Fürst Bismarck, Gedanken und Erinnerungen, Bd. II, Stuttgart und Berlin 1913, S.61 ff.)

Aufgaben:

1. Erschließen Sie aus dem Text, welche Gründe nach Bismarck Ende Juli 1866 gegen eine Fortsetzung des Krieges gegen Österreich sprachen! Arbeiten Sie dabei heraus, welche Bedeutung Bismarck Österreich zuschreibt! (12 BE)
2. Erläutern Sie, wodurch sich die Haltung des preußischen Königs von der Haltung Bismarcks unterscheidet! (8 BE)
3. Stellen Sie die Ergebnisse des Krieges von 1866 dar, und beurteilen Sie die Bedeutung des Jahres 1866 für die deutsche und europäische Geschichte! (22 BE)
4. Zeigen Sie auf, inwieweit sich die außenpolitischen Perspektiven, auf die Bismarck seine Argumentation aufbaut, langfristig als richtig erwiesen! (18 BE)

Mögliche Gesamtpunktzahl: 60 BE

Aufgabe 3:

Zu Kapitel 4.4 und 4.6: Das Zeitalter des Imperialismus und das Deutsche Reich und Weimarer Republik

Abiturprüfung 1984, Baden-Württemberg, Leistungskurs, Aufgabe 3: Der 1. Weltkrieg und der ihm folgende Frieden

Materialien:

M1: Aus der Rede Bethmann-Hollwegs vor dem Reichstag am 4.8.1914:

(...) Wir wollten in friedlicher Arbeit weiterleben, und wie ein unausgesprochenes Gelübde ging es vom Kaiser bis zum jüngsten Soldaten: Nur zur Verteidigung einer gerechten Sache soll unser Schwert aus der Scheide fliegen. Der Tag, da wir es ziehen müssen, ist erschienen - gegen unseren Willen, gegen unser redliches Bemühen. Rußland hat die Brandfackel an das Haus gelegt. Wir stehen in einem aufgezwungenen Krieg mit Rußland und Frankreich (...)

Unsere Truppen haben Luxemburg besetzt und vielleicht schon belgisches Gebiet betreten. Meine Herren, das widerspricht den Geboten des Völkerrechts. Die französische Regierung hat zwar in Brüssel erklärt, die Neutralität Belgiens respektieren zu wollen, solange der Gegner sie respektiere. Wir wußten aber, daß Frankreich zum Einfall bereitstand. Frankreich konnte warten, wir aber nicht! Ein französischer Einfall in unsere Flanke am unteren Rhein hätte verhängnisvoll werden können. So waren wir gezwungen, uns über den berechtigten Protest der luxemburgischen und der belgischen Regierung hinwegzusetzen. Das Unrecht - ich spreche offen -, das Unrecht, das wir damit tun, werden wir wieder gutzumachen suchen, sobald unser militärisches Ziel erreicht ist. Wer so bedroht ist wie wir und um sein Höchstes kämpft, der darf nur daran denken, wie er sich durchhaut! (...)

(aus: J. Hohlfeld (Hrsg), Dokumente der deutschen Politik und Geschichte von 1848 bis zur Gegenwart, Bd. 2, Berlin o.A., S. 297 ff.)

M2: Aus der Rede des Abgeordneten Fehrenbach im Reichstag am 19.7.1917:

Einen denkwürdigen Tag begeht der Deutsche Reichstag mit seiner Friedenskundgebung. Er hat sich seit Bestehen des Reiches große Reserve in bezug auf die auswärtigen Angelegenheiten auferlegt. Jetzt, an der Schwelle des vierten Kriegsjahres, tritt er aus seiner Zurückhaltung heraus und verkündigt der Welt die Bereitschaft des deutschen Volkes zu einem für alle Beteiligten, für Freunde wie Feinde, ehrenvollen Frieden. Er mischt sich nicht in das, was Sache der Regierung ist, das heißt, er macht den feindlichen Regierungen kein Friedensangebot. Dafür Zeit und nähere Umstände zu bestimmen ist Sache der Regierung. Was er heute unternimmt, ist nur eine Friedenskundgebung: Er stellt die Bereitschaft des eigenen Volkes zum Frieden fest und fordert die feindlichen Völker in feierlicher Weise auf, sich von dem gleichen Friedenswillen beseelen zu lassen. Seine Absicht geht in Übereinstimmung mit den soeben gehörten Worten des Herrn Reichskanzlers auf einen Frieden der Verständigung. Sein Ziel ist die dauernde Versöhnung der Völker, nicht Eroberung, nicht Vergewaltigung, nicht wachsende Verfeindung der Völker, sondern Rückkehr zur Friedensarbeit, zu den Segnungen der Kultur und Zivilisation ist sein Zweck (...)
Unsere militärische Situation schließt jede Mißdeutung aus. Deshalb unsere Friedenskundgebung. Jetzt haben das Wort unsere Feinde.

(aus: H. Michaelis/E. Schaepler (Hrsg.), Ursachen und Folgen, Bd. 2, Berlin o.A., S.38)

M3: Aus dem Aufruf des Reichspräsidenten und der Reichsregierung vom 8. Mai 1919:

Was uns (...) jetzt in den Friedensbedingungen geboten wird, widerspricht der gegebenen Zusage, ist für das deutsche Volk unerträglich und auch bei Aufbietung aller Kräfte unerfüllbar. Gewalt ohne Maß und Grenzen soll dem deutschen Volk angetan werden. Aus solchem aufgezwungenem Frieden müßte neuer Haß zwischen den Völkern und im Verlauf der Geschichte neues Morden erwachsen. Die Welt müßte jede Hoffnung auf einen die Völker befreienden und heilenden, den Frieden sichernden Völkerbund begraben. (...)

(aus: J. Hohlfeld (Hrsg.), Dokumente der deutschen Politik und Geschichte von 1848 bis zur Gegenwart, Bd. 3, Berlin o.A., S. 28)

Aufgaben:

1. a) Nennen Sie die Gründe, mit denen Bethmann-Hollweg Deutschlands Eintritt in den Weltkrieg rechtfertigt (M1)! (2 Pkt)
   b) Erläutern Sie, warum die Reichsregierung sich nicht in der Lage sah, die Neutralität Belgiens zu respektieren! (5 Pkt)
2. Stellen Sie kurz das Vorgehen der Regierungen von Österreich-Ungarn, Rußland, Frankreich und Großbritannien in der Juli-Krise 1914 dar! Welche politischen Zielsetzungen lagen jeweils zugrunde? Welche damals verbreiteten Auffassungen spielten für alle Regierungen eine Rolle? (12 Pkt)
3. Reichskanzler Bethmann-Hollweg spricht in seiner Rede (M1) von einem Deutschland "aufgezwungenen Krieg". Der französische Ministerpräsident Poincaré (1919) spricht davon, daß die Kaiserreiche Mitteleuropas den Krieg "ohne Herausforderung und ohne Entschuldigungsgründe entfesselt" haben. Nach dem britischen Premierminister Lloyd George (1919) sind alle Beteiligten in den Krieg "hineingeschlittert". Setzen Sie sich kritisch mit diesen Stellungnahmen zur Kriegsschuld auseinander! (12 Pkt)
4. a) Welche Friedensvorstellungen vertritt Fehrenbach 1917 in seiner Rede vor dem Reichstag (M2)? (2 Pkt)
   b) Erläutern Sie, warum er von einem "denkwürdigen Tag" spricht! (4 Pkt)
   c) Zeigen Sie, inwiefern das Zustandekommen der "Friedenskundgebung" vom 19. Juli 1917 (M2) mit der militärischen und politischen Situation zusammenhängt! (7 Pkt)
5. Erläutern Sie aus dem Aufruf des Reichspräsidenten und der Reichsregierung vom 8. Mai 1919 (M3) die Zeilen 1-3! (4 Pkt)
6. Vergleichen Sie die Situation Deutschlands nach dem 1. Weltkrieg (1918/19) mit der nach dem 2. Weltkrieg (1945)! Führen Sie den Vergleich nach vier Gesichtspunkten Ihrer Wahl durch, und erläutern Sie die wesentlichen Unterschiede, die dabei deutlich werden! (12 Pkt)

Mögliche Gesamtpunktzahl: 60 VP

Aufgabe 4:

Zu Kapitel 4.5: Die Vereinigten Staaten von Amerika und die Sowjetunion

Abiturprüfung 1990, Baden-Württemberg, Grundkurs, Aufgabe 1: Die Weimarer Republik

Materialien:

M1: Die sowjetische Note an Polen vom 17. September 1939:

Der polnisch-deutsche Krieg hat den inneren Zusammenbruch des polnischen Staates offenbart. Im Verlauf von zehntägigen Kampfhandlungen hat Polen all seine industriellen Gebiete und Kulturzentren verloren. Warschau besteht nicht länger als Hauptstadt von Polen. Die polnische Regierung ist auseinandergefallen und gibt keine Lebenszeichen mehr. Das bedeutet, daß der polnische Staat und seine Regierung aufgehört haben zu bestehen. Deshalb haben die zwischen der UdSSR und Polen abgeschlossenen Verträge[2] aufgehört, wirksam zu sein. Sich selbst überlassen und seiner Führerschaft beraubt, ist Polen ein geeignetes Feld für jede Art von Gefahren und Überraschungen geworden, die eine Bedrohung für die UdSSR sein könnten. Aus diesen Gründen kann die Sowjetregierung, die bislang die Neutralität gewahrt hat, diesen Tatsachen gegenüber nicht mehr länger eine neutrale Haltung einnehmen. Die Sowjetregierung kann weiterhin der Tatsache nicht gleichgültig ins Gesicht sehen, daß die verwandten Völker der Ukrainer und Weißrussen, die auf polnischem Territorium leben und der Gnade des Schicksals ausgeliefert, verteidigungslos sind.
Unter diesen Umständen hat die Sowjetregierung das Oberkommando der Roten Armee angewiesen, den Truppen Befehl zur Überschreitung der Grenze zu geben sowie das Leben und das Eigentum der Bevölkerung der Westukraine und Weißrußlands unter ihren Schutz zu nehmen.

(aus: Lieber/Ruffmann (Hrsg.), Der Sowjetkommunismus, Bd. 2, Köln 1964, S. 592)

[2] Gemeint ist u.a. der Nichtangriffspakt zwischen der Sowjetunion und Polen vom 25. Juli 1932

M2: Der amerikanische Präsident Truman in seinen Memoiren über das Jahr 1947:

Griechenland benötigte schnelle und ausgiebige Hilfe, sonst war es verloren, und der Eiserne Vorhang senkte sich über das östliche Mittelmeer, denn nach dem Verlust Griechenlands mußte auch die Türkei zu einem unhaltbaren Außenposten inmitten einer kommunistischen See werden. Umgekehrt gefährdete jedes Zurückweichen der Türkei Griechenland. Doch das war nicht alles. In Polen, Rumänien und anderen osteuropäischen Ländern konnte das kommunistische System nur eingeführt werden, weil die sowjetischen Armeen es stützten. Unsere Versuche, diesen Ländern ihre innenpolitische Freiheit zu bewahren, blieben vergeblich, weil wir außer einem neuen Krieg über keine Mittel verfügten, die Sowjets zur Aufgabe ihrer Herrschaft zu zwingen.

Die Türkei und Griechenland waren immer noch freie Länder, und beide bemühten sich wacker, ihre Unabhängigkeit und innere Freiheit zu verteidigen. Wenn Amerika diesen Ländern seinen Beistand vorenthielt, mußte das im ganzen Nahen und Mittleren Osten wie auch in Italien, Frankreich und Deutschland stärkste Rückwirkungen zeitigen. Amerikas Ideale und Tradition waren in die Schranken gerufen. Griechenland und der Türkei mußte geholfen werden und aller Welt zu verstehen gegeben werden, daß wir entschlossen waren, inskünftig die Sache der Freiheit gegen jede Bedrohung zu schützen. Die Gefahr einer solchen Politik hatte Amerika als große Nation auf sich zu nehmen. (...)

Was ein Wiederaufleben des amerikanischen Isolationismus für die Welt bedeuten würde, war nur zu offensichtlich. Außer Amerika war nach dem 2. Weltkrieg keine andere Macht stark genug, den Russen die Stirn zu bieten. Das kriegsgeschwächte innerlich zerrissene Griechenland mußte fast ohne Anstrengung des Kremls im kommunistischen Abgrund versinken. Ein solcher Erfolg, zusammen mit dem offensichtlichen Desinteressement Amerikas, mußte wiederum in Italien und Frankreich, wo sich ohnehin die bedrohlichen Anzeichen häuften, die kommunistischen Parteien stärken. Untätigkeit, Rückzug auf die "Festung Amerika", Isolationismus - all das konnte nur ein Ergebnis zeitigen, nämlich Rußland riesige Ländermassen in den Rachen zu werfen.

(aus: Harry S. Truman, Memoiren, Bern 1956, S. 109-111)

Aufgaben:

1. a) Wie rechtfertigt die Sowjetunion (M1) ihr Vorgehen gegen Polen? (6 VP)
   b) Nehmen Sie zu der sowjetischen Note Stellung; berücksichtigen Sie dabei den deutsch-sowjetischen Nichtangriffspakt! (8 VP)
2. Die Kriegskoalition zwischen den USA, Großbritannien und der Sowjetunion wird oft als "Zweckbündnis" bezeichnet. Erläutern Sie diesen Begriff aus amerikanischer und sowjetischer Sicht! (8 VP)
3. a) Fassen Sie zusammen, wie Truman (M2) die politische Lage im Jahr 1947 beschreibt und welche Folgerungen er daraus zieht! (6 VP)
   b) Zeigen Sie an zwei Beispielen, wie Trumans Konzeption zwischen 1947 und 1949 umgesetzt wurde! (6 VP)
   c) Ordnen Sie die Politik Trumans in die Entwicklung der amerikanischen Außenpolitik seit 1917 ein! (12 VP)
4. Überprüfen Sie die in M1 enthaltene Darstellung der Anfänge des Kalten Krieges! Gehen Sie dabei auf im Text nicht erwähnte Motive der beiden Weltmächte ein, die zu den Gegensätzen wesentlich beigetragen haben! (12 VP)

Mögliche Gesamtpunktzahl: 60 VP

Aufgabe 5:

Zu Kapitel 4.6: Weimarer Republik und Nationalsozialismus

Abiturprüfung 1985, Bayern, Leistungskurs, Aufgabe II: Die Weimarer Republik und der Nationalsozialismus

Aufruf Adolf Hitlers an die NSDAP vom 10. März 1933:

Parteigenossen, SA- und SS-Männer! Eine Umwälzung hat sich in Deutschland vollzogen. Sie ist das Ergebnis schwerster Kämpfe, zähester Ausdauer, aber auch höchster Disziplin. Gewissenlose Subjekte, hauptsächlich kommunistische Spitzel, versuchen, die Partei durch Einzelaktionen zu kompromittieren, die in keiner Beziehung zum großen Werk der nationalen Erhebung stehen, sondern höchstens die Leistungen unserer Bewegung belasten und herabsetzen können. Insbesondere wird versucht, durch Belästigungen von Ausländern und Autos mit ausländischen Fahnen die Partei bzw. Deutschland in Konflikt mit dem Ausland zu bringen. SA- und SS-Männer, ihr müßt solche Kreaturen sofort selbst stellen und zur Verantwortung ziehen. Ihr müßt sie weiter unverzüglich der Polizei übergeben, ganz gleich, wer sie auch sein mögen.

Mit dem heutigen Tag hat in ganz Deutschland die nationale Regierung die vollziehende Gewalt in den Händen. Damit wird der weitere Vollzug der nationalen Erhebung ein von oben geleiteter planmäßiger sein. Nur dort, wo diesen Anordnungen Widerstand entgegengesetzt wird oder wo aus dem Hinterhalt, wie früher, Angriffe auf einzelne Männer oder marschierende Kolonnen erfolgen, ist dieser Widerstand sofort und gründlich zu brechen.

Belästigungen einzelner Personen, Behinderungen oder Störungen des Geschäftslebens haben grundsätzlich zu unterbleiben. Ihr müßt, meine Kameraden, dafür sorgen, daß die nationale Revolution 1933 nicht in der Geschichte verglichen werden kann mit der Revolution der Rucksack-Spartakisten im Jahre 1918. Im übrigen laßt euch in keiner Sekunde von unserer Parole abbringen: Sie heißt: Vernichtung des Marxismus.

Berlin, 10. März 1933 Adolf Hitler

(aus: Walter Hofer (Hrsg.), Der Nationalsozialismus, Dokumente 1933-1945, Frankfurt a.M. 1957, Fischer TB 172, S.55)

Aufgaben:

1. Ordnen Sie diesen Aufruf Adolf Hitlers in die historische Entwicklung seit 1932 ein, und stellen Sie dar, welche Absichten Hitler mit diesem Aufruf verfolgte! (14 BE)
2. Legen Sie dar, warum Hitler am Schluß dieses Aufrufs forderte, "dafür (zu) sorgen, daß die nationale Revolution 1933 nicht in der Geschichte verglichen werden kann mit der Revolution der Rucksack-Spartakisten im Jahre 1918"! (10 BE)
3. Beurteilen Sie, welche Bedeutung die Parole "Vernichtung des Marxismus" für den Aufstieg der NSDAP hatte, und erschließen Sie, warum Hitler diese Parole in seinem Aufruf vom 10. März 1933 erneut in den Vordergrund stellte! (14 BE)
4. Nennen Sie die Maßnahmen, durch die im "weitere(n) Vollzug der nationalen Erhebung" die Weimarer Verfassung planmäßig ausgehöhlt wurde! (10 BE)
5. Erörtern Sie die Bedeutung des formalen Fortbestands der Weimarer Reichsverfassung für die Durchsetzung der nationalsozialistischen Herrschaft! (12 BE)

Mögliche Gesamtpunktzahl: 60 BE

Aufgabe 6:

Zu Kapitel 4.7: Deutschland und Europa nach 1945

Abiturprüfung 1990, Bayern, Leistungskurs, Aufgabe IV: Das Deutschlandproblem nach 1945

Die Prager Deutschland-Beschlüsse der Ostblockstaaten vom 21. Oktober 1950:

Geleitet von den Interessen der Erhaltung des Friedens und der Sicherheit in Europa und unter Berücksichtigung des berechtigten Verlangens des deutschen Volkes nach einer baldmöglichen Verwirklichung einer friedlichen Regelung für Deutschland, erachten die Regierungen der UdSSR, Albaniens, der Tschechoslowakei, Bulgariens, Polens, Rumäniens, Ungarns und der Deutschen Demokratischen Republik für dringend geboten:

1. Abgabe einer Erklärung der Regierungen der USA, Großbritanniens, Frankreichs und der Sowjetunion darüber, daß sie die Remilitarisierung Deutschlands und seine Einbeziehung in jegliche Aggressionspläne nicht zulassen und konsequent die Potsdamer Beschlüsse zur Sicherung der Bedingungen für die Bildung eines einheitlichen, friedliebenden, demokratischen deutschen Staates durchführen werden.
2. Aufhebung aller Beschränkungen der Entwicklung der deutschen Friedenswirtschaft und die Verhinderung der Wiederherstellung des deutschen Kriegspotentials.
3. Unverzüglichen Abschluß eines Friedensvertrages mit Deutschland unter Wiederherstellung der Einheit des deutschen Staates im Übereinstimmung mit dem Potsdamer Abkommen und mit der Maßgabe, daß die Besatzungstruppen aller Mächte in Jahresfrist nach Abschluß des Friedensvertrages aus Deutschland zurückgezogen werden.
4. Bildung eines gesamtdeutschen konstituierenden Rates unter paritätischer Zusammensetzung aus Vertretern Ost- und Westdeutschlands, der die Bildung einer gesamtdeutschen souveränen demokratischen und friedliebenden provisorischen Regierung vorzubereiten und den Regierungen der UdSSR, der USA, Großbritanniens und Frankreichs die entsprechenden Vorschläge zur gemeinsamen Bestätigung zu unterbreiten hat, und der bis zur Bildung einer gesamtdeutschen Regierung zur Konsultation bei der Ausarbeitung des Friedensvertrages heranzuziehen

ist. Unter bestimmten Umständen kann eine unmittelbare Befragung des deutschen Volkes über diesen Vorschlag durchgeführt werden.

Die Regierungen der UdSSR, Albaniens, Bulgariens, der Tschechoslowakei, Polens, Rumäniens, Ungarns und der Deutschen Demokratischen Republik werden ihrerseits alles tun, um die Lösung dieser unaufschiebbaren Aufgaben im Interesse der Festigung des Friedens und der internationalen Sicherheit zu erleichtern (...)

(aus: Christoph Kleßmann, Die doppelte Staatsgründung, Deutsche Geschichte 1945-1955, Göttingen 1982, S. 463)

Aufgaben:

1. Beschreiben Sie die politischen Verhältnisse zwischen 1947 und 1950, die den zeitgeschichtlichen Hintergrund der Prager Deutschlandbeschlüsse bilden! (12 BE)
2. Erarbeiten Sie die im Text formulierten Vorstellungen der Ostblockstaaten über die zukünftige Entwicklung Deutschlands! (10 BE)
3. Überprüfen Sie die Realisierbarkeit dieser Vorstellungen auf dem Hintergrund der politischen und wirtschaftlichen Gegebenheiten des Jahres 1950 in Deutschland, und erörtern Sie mögliche Konsequenzen ihrer Verwirklichung für die Deutschen! (18 BE)
4. Nennen Sie weitere deutschlandpolitische Vorstöße der Sowjetunion in den 50er Jahren, und geben Sie die Gründe ihrer Zurückweisung durch die Westmächte an! (10 BE)
5. Untersuchen Sie, inwieweit die Politik der beiden Supermächte in den 60er und 70er Jahren auf die Beziehungen zwischen beiden deutschen Staaten eingewirkt hat! (10 BE)

Mögliche Gesamtpunktzahl: 60 BE

5.2 Musterlösungen

Musterlösung zu Aufgabe 1:

Aufgabe 1:

Voraussetzungen für die Gründung eines "fabrikmäßigen Betriebs":

Kapital (z.B. Z. 7ff.) + "vielerlei Kenntnisse und kaufmännische Verbindungen" = Aussage des Textes.

Hinzu kommen:

- politische Rahmenbedingungen: Vorhandensein freier Lohnarbeiter (z.B. Gewerbefreiheit und Bauernbefreiung)
- Schutz vor ausländischer Konkurrenz, bzw. Vorhandensein eines Binnenmarktes (z.B. Deutscher Zollverein, 1834)
- Anwendung von Neuerfindungen auf dem Sektor der Energienutzung (z.B. Dampfmaschine) bzw. von Fertigungstechniken (z.B. Textilindustrie) zum rationellen Betreiben einer arbeitsteilig funktionierenden Fabrik
- Zugang zu Rohstoffen
- infrastrukturelle Bedingungen, z.B. verkehrs- und marktgünstige Lage bzw. Anbindung (Wasserstraße, Handelsweg etc.)
- Vorhandensein eines Absatzmarktes
- "Erwerbsethik" = Risikobereitschaft, Aufgeschlossenheit technischen Neuerungen gegenüber und Einsatzbereitschaft der neuen Unternehmerschicht

Aufgabe 2 a):

- lebenslange Abhängigkeit des "Tagelöhners" vom Fabrikherrn, weil Unmöglichkeit, sich selbständig zu machen
- niedriger Lohn und dauernde Existenzunsicherheit wegen des großen Angebots an Lohnarbeitern
- Abhängigkeit des Arbeiters von der Maschine

- Staat und Unternehmer verhindern Gegenwehr der Lohnarbeiter
- die Lebensumstände ruinieren die Lohnarbeiter körperlich und seelisch
- lange Arbeitszeiten, kein Urlaub und 6-Tage-Woche
- fehlende soziale Absicherung bei Invalidität, Krankheit, Arbeitslosigkeit und Arbeitsunfähigkeit im Alter
- miserable Arbeitsbedingungen und hohe Unfallgefahr in der Fabrik
- Kinder- und Frauenarbeit
- schlechtes staatliches Bildungsangebot = schlechte Aufstiegschancen der Arbeiter
- elende Wohnbedingungen (Wohnraum, -hygiene, Schlafgängerwesen, Mietskasernen etc.)
- drakonische Strafen im Betrieb und mangelnder Arbeitsrechtschutz

Aufgabe 3:

Der Autor des Textes beschreibt ökonomische Mechanismen, denen die Vorstellungen eines nicht aufhebbaren, notwendigen Gegensatzes Arbeit - Kapital zugrundeliegen. Dieser Klassengegensatz, der von der Parteinahme des Staates fürs Kapital verschärft wird, macht eine ökonomische, politische Revolution als Ende des Klassenkampfes notwendig.

Neben dieser marxistischen Grundposition klingen weitere Schlüsselbegriffe des Marxismus an:

- Mehrwerttheorie und Ausbeutung = Arbeiter ist zum "Vorteil eines anderen tätig".
- Verelendungstheorie = die Arbeiter haben keine Möglichkeit, in die Position der Fabrikherrn aufzusteigen, ihre Lebensbedingungen ("körperlicher und moralischer Verfall") sind elend.
- Entfremdungstheorie = "die Abhängigkeit des Arbeiters von der Maschine" und die Aneignung des von ihm geschaffenen Produkts durch den Fabrikherrn.
- Monopolbildung = die Konkurrenz Groß- vs. Kleinbetriebe raubt letzteren die Existenzgrundlage, weil Großbetriebe kostengünstiger produzieren können = nur Großbetriebe überleben.

Aufgabe 4:

Die Industriearbeiter des 19. Jahrhunderts wurden in folgenden drei Bereichen tätig, um ihr Schicksal grundlegend zu verändern:

a) wirtschaftlich durch Bildung von Gewerkschaften und Genossenschaften,
b) privat durch Arbeitervereine auf den verschiedensten Gebieten, vom Arbeitersportverein bis zum Arbeiterbildungsverein,
c) politisch durch die Bildung von Arbeiterparteien.

zu a):

Gewerkschaften versuchen auf betrieblicher und überbetrieblicher Ebene kollektiven Einfluß auf die Lohnhöhe und die sonstigen Arbeitsbedingungen zu nehmen; wichtigstes Mittel = Streik (ermöglicht von durch Gewerkschaftsbeiträge finanzierte Streikkassen). Wegen des massiven Einflusses auf die gesamtstaatlichen Geschicke (bis hin zum Generalstreik) wurde die Geschichte der Gewerkschaften bis weit in das 20. Jahrhundert von staatlichen Disziplinierungsversuchen begleitet.

- Erste Ansätze 1848 ("Assoziation der Zigarren-Arbeiter") - Koalitionsverbote = Verunmöglichung der Gewerkschaftsbewegung
- ab 1860 drei Richtungen: sozialistische, liberale (Hirsch-Dunkersche Gewerkvereine) und christliche Gewerkschaften
- 1890: "Generalkommission der Freien Gewerkschaften Deutschlands" in politischer Anlehnung an die SPD
- 1913 ca. 3 Millionen Mitglieder in allen Gewerkschaftsarten

zu b):

Arbeitervereine versuchten ihren Mitgliedern eine erschwingliche Freizeitgestaltung zu ermöglichen, bis hin zu Bibliotheken ("Wissen ist Macht"), Vortragsreihen und anderen, häufig weltanschaulich geprägten Bildungseinrichtungen. Arbeitersport- und Gesangsvereine z.B. bildeten Kristallisationspunkte des Zusammenhalts der Fabrikarbeiter, deshalb wurden bald auch diese privaten Vereine z.B. im Rahmen der Sozialistengesetze verboten.

zu c):

Arbeiterparteien sollten auf politischer Ebene für eine Verbesserung der Lebensbedingungen der Arbeiter kämpfen:

- 1863 F. Lassalle gründet den "Allgemeinen Deutschen Arbeiterverein"
- 1869 Liebknecht und Bebel gründen die marxistisch orientierte "Sozialdemokratische Arbeiterpartei"
- 1875 schließen sich die beiden Gruppierungen zusammen (Gothaer Programm) und benennen sich
- 1891 nach dem Ende der Verfolgungszeit in Sozialdemokratische Partei Deutschlands (SPD) um
- die SPD wird bis 1914 zur stärksten Partei in Deutschland

Aufgabe 5:

Politik Bismarcks = a) Zuckerbrot und b) Peitsche

zu a):

Einführung der Sozialversicherungen (1883 Kranken-, 1884 Unfall-, 1889 Invaliditäts- und Alterversicherung) sollten eine grundlegende Existenzsicherung leisten, was sie aber zunächst kaum darstellten. Die Beiträge werden von den Versicherten, den Arbeitgebern und dem Staat finanziert.

zu b):

Bismarck versteht die Arbeiterpartei als "staatsfeindlich" (vs. staatstragend), weil einem partikularen (vs. gesamtstaatlichen) Interesse verpflichtet. Er gewinnt 1878 die anderen Parteien nach zwei Attentaten auf Wilhelm I. für das "Gesetz gegen die gemeingefährlichen Bestrebungen der Sozialdemokratie" = Verbot von sozialdemokratischer Agitation, Versammlungen, Zeitungen und Vereinen. Die SPD selbst wird nicht verboten und setzt ihre parlamentarische Arbeit mit großen Behinderungen fort.

Auseinandersetzung mit a) und b). Folgende Gesichtspunkte sollten Eingang in die Beurteilung finden: Bismarcks Sozialpolitik:

a) war der Versuch, die Arbeiterschaft von der SPD zu lösen und mit dem Staat zu versöhnen; dieses Ziel wurde nicht erreicht, weil Existenzunsicherheit, Armut und mangelnde Aufstiegsmöglichkeiten bestehen blieben,
a) ist trotzdem von großer historischer Bedeutung, weil dieses System als vorbildlich für die Sozialgesetzgebung in Europa gilt.
b) scheitert. Selbst während der Gültigkeit der Sozialistengesetze kann die SPD ihren Stimmenanteil bei Reichstagswahlen steigern. Nach 1890 wird sie rasch zur stärksten Partei,
b) war ein weiterer Mosaikstein in der antidemokratischen Tradition deutscher Geschichte, die bis weit ins 20. Jahrhundert hinein wirkt.

✍ *Ergänzungen:*

Musterlösung zu Aufgabe 2:

Aufgabe 1:

Gründe gegen die Fortsetzung des Krieges gegen Österreich:

- In Österreich darf kein "Revanchebedürfnis" geschaffen werden, weil Bismarck Österreich als zukünftigen Bündnispartner nicht ausschließen will, auf jeden Fall vermeiden will, Österreich in eine gegen Preußen gerichtete Koalition zu zwingen.
- Gebietsgewinne auf Kosten Österreichs wären für Preußen kein Gewinn: Deutsch-Österreich wäre für Preußen nicht verdaulich, andere Teile (z.B. Böhmen) eher eine Last.
- Bismarck, ganz Realpolitiker, teilt nicht die Auffassung Wilhelms II. von der Schuld Österreichs; deshalb ist er auch gegen eine Bestrafung Österreichs, sondern für eine Politik der "Anbahnung und Herstellung der nationalen Einheit".

- Bismarck hält Österreich für einen Faktor der Stabilität in Mittel- und Südosteuropa. Seine Aufgabe ist es, revolutionäre Umtriebe von "Slaven und Ungarn" in Schach zu halten. Rhetorisch fragt Bismarck, was an die Stelle Österreichs treten sollte. Zudem schimmert Bismarcks Alptraum von gegen Preußen gerichteten Koalitionen der europäischen Mächte durch, an denen Österreich nicht teilnehmen soll.

Aufgabe 2:

Die Haltung Wilhelms I. ist erstens die Sicht eines Kriegsherrn, der die Gunst der Stunde, eine gewonnene Schlacht (Königsgrätz, 4.7.1866), nützen und einem geschlagenen Gegner militärisch den Rest geben will. Demgegenüber ist Bismarck Politiker, der den Einsatz des Mittels Krieg nüchtern kalkuliert.

Zweitens ist der preußische König ganz dem alten dynastischen Denken des 18. Jahrhunderts und dessen Kabinettspolitik verhaftet: Er kennt moralisch Schuldige, der Preis eines militärischen Sieges sind selbstverständlich Gebietsgewinne.

Bismarck geht dagegen mit moralischen Urteilen sparsam um: Mittel und Methoden Österreichs unterschieden sich in moralischer Hinsicht nicht von denen Preußens, mit dem Unterschied, daß Preußen siegreich war. Bismarcks Konzept ist langfristig angelegt: Er hat ein politisches Fernziel - die nationale Einheit unter preußischer Führung - und kalkuliert Gefahrenherde im voraus.

Aufgabe 3:

Ergebnisse:

a) Kurzfristig: keine Intervention Napoleons III; Vorfrieden von Nikolsburg und Frieden von Prag läßt Österreich weitgehend ungeschoren; der Deutsche Bund ist aufgelöst; Preußen annektiert die Feindstaaten im norddeutschen Raum (Hannover, Frankfurt a.M., Kurhessen, Nassau) und schließt sich mit den übrigen zum Norddeutschen Bund zusammen. Die Staaten südlich der Mainlinie schließen ein "Schutz- und Trutzbündnis" mit Preußen ab.

b) Langfristig: Der preußisch-österreichische Gegensatz ist beendet, die "kleindeutsche" Lösung zeichnet sich ab, und Österreich ist aus dem deutschen Raum verdrängt; es wendet seine Aufmerksamkeit dem Balkanraum zu.

Preußen gelingt es, sich mit dem Sieg über Österreich an die Spitze der Nationalstaatsbewegung zu setzen - die Begeisterung der Liberalen läßt sie die "Lückentheorie" vergessen und die Indemmnitätsvorlage akzeptieren. Die Verfassung des Norddeutschen Bundes trägt die wesentlichen Züge der Verfassung von 1871.

Napoleon III. ist isoliert, bleibt aber potentieller Gegner; die weitere Verfolgung der Absichten Bismarcks muß Frankreich auf den Plan rufen - gegen ein durch den Erfolg von 1866 nachhaltig gestärktes Preußen und gegen süddeutsche Mittelstaaten, die ohne Österreichs Unterstützung in ihrer politischen Bewegungsfreiheit stark eingeschränkt sind. Etwaigen Kompensationswünschen Frankreichs auf ihre Kosten suchen sie über ein "Schutz- und Trutzbündnis" mit Preußen zu begegnen.

Aufgabe 4:

Bismarck zeigt in seinem Text im wesentlichen drei längerfristige Perspektiven auf:

a) Er sieht Österreichs Bedeutung für das zukünftige Deutsche Reich in zwei Dingen liegen:
   - Es soll sich nicht an einer anti-preußischen Koalition beteiligen, bzw. als zukünftiger Bündnispartner gewonnen werden.
   - Es hat seinen Platz als Stabilitätsfaktor an der Südostflanke des zu künftigen Deutschen Reichs.

   Beide Perspektiven erwiesen sich als richtig: Österreich verhielt sich im Krieg von 1870/71 neutral. Nach der Gründung des Deutschen Reichs wurde es zum (einzigen) zuverlässigen Bündnispartner bis 1914.
   Österreichs innere Verfassung blieb bis in den 1. Weltkrieg hinein weitgehend stabil, es hatte die von Bismarck gewünschte Bedeutung als Ordungsmacht.
   Einschränkend sei angemerkt, daß das Bündnis mit Österreich langfristig die Verständigung mit Rußland erschwerte, weil sich der Gegensatz der beiden Kaiserreiche auf dem Balkan verschärfte. Zudem ist zu

fragen, ob Bismarck die Sprengkraft der nationalen Idee innerhalb der Donaumonarchie nicht unterschätzte, wenn er Österreich für fähig hielt, den Vielvölkerstaat zusammenzuhalten.

b) Mit den restlichen Feindstaaten des Deutschen Bundes will Bismarck ähnlich wie mit Österreich verfahren. Ihr Besitz soll nicht geschmälert werden (dafür werden einige gleich annektiert, z.B. Kgr. Hannover), um keine Basis für Revanchegelüste zu schaffen. Die zukünftigen Mitglieder des neuen Deutschen Bundes (= Deutsches Reich) sollen zuverlässige Partner Preußens werden.

✍ *Ergänzungen:*

Musterlösung zu Aufgabe 3:

Aufgabe 1 a)

Deutschlands Krieg ist eine "gerechte Sache", da von Rußland aufgezwungen. Die deutschen Truppen haben Luxemburg und Belgien völkerrechtswidrig besetzt bzw. sind im Begriff dazu. Dieses Verhalten ist nach Bethmann-Hollweg zu rechtfertigen, weil Frankreich gleiches plante und die deutsche "Flanke am unteren Rhein" bedroht war. Überdies müßte man sich dann, wenn um Deutschlands "Höchstes" gekämpft wird, über völkerrechtliche Bedenken hinwegsetzen.

Aufgabe 1 b):

Hintergründe des Schlieffen-Plans:

Der deutsche Generalstab geht von einem Zweifrontenkrieg aus, in dem ein Gegner schnell niedergeworfen werden muß, bevor man sich dem zweiten zuwendet. Dieser Gegner ist Frankreich, weil die russische Mobilmachung länger dauert.

Die deutsch-französische Grenze westlich von Elsaß-Lothringen ist stark befestigt (z.B. Verdun); also ist es militärisch sinnvoll, diese Grenze zu umgehen. Dafür bietet sich Belgien an.

Aufgabe 2:

Österreich-Ungarn:

Attentat von Sarajewo; Ultimatum an Serbien unterstellt teilweise Aufgabe der serbischen Souveränität = unannehmbar => Kriegserklärung; Österreich erhält deutschen "Blankoscheck".

Ziele des österreichischen Verhaltens: Serbische Großmachtansprüche sollen in die Schranken verwiesen werden und damit indirekt auch russischen, panslawistischen Bestrebungen Grenzen gesetzt werden. Der Krieg soll von den inneren, nationalen Problemen Österreichs ablenken und direkt all die Nationalitäten der Donaumonarchie, die sich an serbisch-slawischen Ansprüchen ein Beispiel nehmen könnten, abschrecken.

Rußland:

Unterstützung der serbischen Sache vor und während der Juli-Krise = serbischer Widerstand wird ermutigt.

- Teilmobilmachung (29.7) nach Kriegserklärung Österreichs (28.7) an Serbien
- Generalmobilmachung (30.7.)
- Verfolgung panslawistischer Ziele = Rußland als Beschützer der Slawen
- möglichst Vorstoßen zu den Meerengen als Ziel der russischen Politik des 19. Jahrhunderts
- Ablenkung von inneren Schwierigkeiten
- frühe Mobilmachung als Drohgebärde und wegen der Langsamkeit der russsischen Kriegsmaschinerie

Frankreich:

- Bündnisverpflichtungen gegenüber Rußland = Ablehnung einer Neutralitätsverpflichtung

- 1.8. "Frankreich wird seinen Interessen gemäß handeln
- Frankreich hegt Revanchegelüste für die Niederlage 1871 und den Frieden von Frankfurt (Elsaß-Lothringen) - es will deutsches Hegemonialstreben eindämmen

Großbritannien:

Zunächst Vermittlungsversuch in der Julikrise. Nach Verletzung der belgischen Neutralität 4.8. Kriegserklärung an Deutschland.

Politik und öffentliche Meinung in Großbritannien haben seit Ende des 19. Jahrhunderts wegen der Aufrüstung der deutschen Flotte, des ungeschickten, anti-britischen Auftretens des deutschen Kaisers und der zunehmenden wirtschaftlichen Konkurrenz mit dem Deutschen Reich mit Deutschland als möglichem Gegner einer zukünftigen Auseinandersetzung gerechnet.

Zeitgenössische Vorstellungen:

- Nachgeben = internationaler Prestigeverlust
- Krieg kein allseits geächtetes Mittel der Politik
- die der Julikrise vorausgehenden internationalen Krisen (Balkankriege etc.) lassen die Hemmungen vor dem Krieg schwinden
- Feindbilder Großbritannien, Deutschland (Handelsneid, Flottenpolitik) und umgekehrt; Frankreich als "Erbfeind" der Deutschen und umgekehrt etc. sind Bestandteil des Zeitgeistes
- expansive Politik entspricht der Ära des Imperialismus in allen europäischen Staaten

Aufgabe 3:

Bethmann-Hollweg: Der deutsche Reichskanzler weist jede Verantwortung Deutschlands am Kriegsausbruch zurück. Das Vorgehen des deutschen Militärs, welche Formen es auch annehmen mag, rechtfertigt sich damit von selbst: Es ist in einem Verteidigungskrieg engagiert. Die am Anfang des Krieges gemachte Äußerung zielt auch nach innen. Sie gilt vor allem auch dem Wählerpotential der SPD als größter Partei im deutschen Reichstag, die in den Vorkriegsjahren internationalistische und pazifistische Parolen verbreitet hatte.

Poincaré: Zuweisung der Alleinschuld an Deutschland und Österreich-Ungarn nach dem Krieg = Art. 231 des Versailler Vertrags (Kriegsschuldparagraph) = moralische Begründung für die Deutschland auferlegten Friedensbedingungen durch die Siegermächte.

Lloyd George: Spricht die beteiligten Poltitiker und Mächte weitgehend von Schuld frei. Widerspiegelung der Haltung Großbritanniens gegenüber dem Friedensvertrag, an dessen buchstabengetreue Umsetzung vor allem in den 30er Jahren in Großbritannien kein großes Interesse mehr bestand.

Die kritische Würdigung sollte folgende Punkte beinhalten:

- Problem von Schuldzuweisungen als moralischer Kategorie
- keine Macht tat alles, um den Krieg zu vermeiden, jede hatte "Gründe", den Krieg zu führen
- Kontroverse um die Thesen von Fritz Fischer (siehe 4.4.3)
- "hineingeschlittert" unterstellt einen versehentlichen Kriegsausbruch, der den Blick auf die Gründe für den Krieg verstellt

Aufgabe 4 a):

Fehrenbachs Friedensvorstellungen:

Forderungen nach einem "ehrenvollen Frieden", einem Verständigungsfrieden, der frei von Diktaten, Eroberungen etc. ist. Diese Vorstellung speist sich aus der Tatsache, daß Fehrenbach die militärische Situation als stabil einschätzt.

Aufgabe 4 b):

Fehrenbach spricht von einem "denkwürdigen Tag", weil der Reichstag zum ersten Mal seit Kriegsausbruch die politische Initiative ergreift, ein Vorgang, der bei der Verfassungsstruktur des Deutschen Reichs sowieso Seltenheitswert hat. Der Reichstag greift in die Außenpolitik ein, kündigt damit tendenziell die Politik des "Burgfriedens" auf, meldet sich nachdrücklich zu Wort, was bis dato (und darüber hinaus) der Obersten Heeresleitung, der Regierung und dem Kaiser vorbehalten war.

Aufgabe 4 c):

Die militärische Situation im Westen ist günstigstenfalls festgefahren, der Kriegseintritt der USA droht die Balance zu den Ententemächten hin zu verschieben. Im Spätwinter hatten sich die deutschen Truppen auf die Siegfriedlinie zurückgezogen. Der Sieg im Osten läßt sich nach der Fortführung des Krieges durch Kerenski (Februarrevolution in Rußland) noch nicht absehen. Politisch ist die Stimmung in Deutschland nach dem Hungerwinter 1916/17 weit von der Kriegsbegeisterung früherer Jahre entfernt. Die Oberste Heeresleitung unter Ludendorff und Hindenburg verlangt der Bevölkerung weitere Opfer ab. Die Mehrheitsparteien wittern die Chance zur Parlamentarisiserung des Reiches, scheitern aber zunächst noch.

Aufgabe 5:

Am 7.5.1919 wurden deutschen Vertretern die ohne deutsche Beteiligung zustandegekommenen Friedensbedingungen des Versailler Friedensvertrags eröffnet. Der Aufruf des Reichspräsidenten und der Reichsregierung ist ein Appell nach innen und außen: Die Friedensbedingungen sind Wortbruch (= ungerecht, selbst nach den Maßstäben der Sieger) "unerträglich" und "unerfüllbar".

Nach innen heißt das für alle Staatsbürger die Pflicht, zusammenzustehen und die Konsolidierung der Republik nicht zu stören, da alle Deutsche und ihr Staat vor einer internationalen Bewährungsprobe stehen.

Nach außen beruft sich die deutsche Regierung auf die 14 Punkte Wilsons, auf die sie sich in den Waffenstillstandsverhandlungen bezog und deren Beachtung sie von den Alliierten erwartete.

Die Regierung will in der Form des Appells erreichen, daß die Bedingungen abgemildert werden, was nur unzureichend gelingt. Gleichzeitig verweist sie auf die Tatsache, daß die Bedingungen unerfüllbar sind, nimmt sich also selbst präventiv gegen Vorwürfe in Schutz, die Friedensbedingungen nicht erfüllen zu wollen.

Erläuterung der Bedingungen:

- Völkerbund: deutsche Kolonien werden Mandate, Deutschland bleibt die Mitgliedschaft zunächst verwehrt. Grenzen: Verlust von Elsaß-Lothringen, Posen, Westpreußen, Danzig etc., Abstimmungen in Teilen Ostpreußens und Oberschlesiens
- deutsche Abrüstung: Begrenzung des Heeres auf 100000 Mann, Verzicht auf schwere Waffen (Panzer, Luftwaffe etc.), entmilitarisierte Zone etc.
- Reparationen und Kriegsschuldartikel

Aufgabe 6:

Folgende Vergleichspunkte bieten sich an:

- Militärische Lage: Waffenstillstand 1918 bei Frontverlauf außerhalb der deutschen Grenzen = keine Besetzung deutschen Gebiets (abgesehen von linksrheinischen Gebieten und Brückenköpfen) vs. 1945 vollständiger Zusammenbruch der Wehrmacht und Besetzung des Deutschen Reichs durch die Alliierten.
- Lage der Zivilbevölkerung: Zerstörung von Städten und Infrastruktur macht Überleben dauerhaft schwierig. Arbeitskräftemangel durch ungleich höhere Zahl von Opfern und Kriegsgefangenen. Vertreibung zwingt zu drastischen Einschränkungen der Rationen und des Wohnraums.
- Politische Lage: Im Unterschied zu 1945 keine überlebensfähige deutsche Regierung, Souveränität liegt bei den Alliierten. 1918 Revolution erzwingt Abdankung des Kaisers vs. 1945 keine Selbstbefreiung der Deutschen von der nationalsozialistischen Diktatur. Moralische Schuld mit 1914/18 nicht vergleichbar = nachhaltige Störung des deutschen Nationalbewußtseins.

✍ *Ergänzungen:*

Musterlösung zu Aufgabe 4:

Aufgabe 1 a):

Innerer Zusammenbruch Polens:

- gegenseitige Verträge haben keine Gültigkeit mehr
- "geeignetes Feld für jede Art von Gefahren und Überraschungen, die ein Bedrohung für die UdSSR werden könnten" (Z. 10 f.)
- UdSSR ist Schutzherr nationaler Minderheiten (Ukrainer/Weißrussen) in Polen, die jetzt schutzlos sind

Aufgabe 1 b):

Dem deutschen Angriff auf Polen ging der Abschluß eines Nichtangriffspakts (Hitler-Stalin-Pakt vom 23.8.1939) voraus. In einem erst später bekannt gewordenen geheimen Zusatzprotokoll wurden gegenseitige Einflußsphären in Osteuropa festgelegt, wobei die sowjetische Westgrenze die baltischen Staaten und das damalige Ostpolen miteinschloß.

Die Argumentation der UdSSR entspricht teilweise Stalins nachträglicher Rechtfertigung seines Pakts mit Hitler im August 1939: Man habe vor einem für sicher gehaltenen Überfall Deutschlands auf die UdSSR Zeit und Raum gewinnen wollen. Das zweite Argument der Note ("Gefahren für die UdSSR") scheint damit zu korrespondieren. Gleichwohl sind beide Argumente wohl Vorwände. Ein Nichtangriffspakt ist doch gerade ein Dokument gegenseitiger Friedensabsicht, woher also hätte die Gefahr für die UdSSR kommen sollen? Außerdem ließ sich die UdSSR im Sommer 1941 vom deutschen Angriff sehr wohl überraschen.

Der wirkliche Grund für die Besetzung Ostpolens lag im dritten Argument: Ob wirklich der Schutz der nationalen Minderheiten im Vordergrund stand, muß vor dem Hintergrund der Stalinschen Terroropfer (z.B. 4000 tote polnische Offiziere in Katyn) bezweifelt werden. Die UdSSR dürfte mit der Besetzung Ostpolens einfach Expansionspolitik betrieben haben. Allerdings muß man berücksichtigen, daß Polen im Frieden von Riga 1921 seine ursprünglich in der sogenannten Curzon-Linie vorgesehene Ostgrenze weit jenseits der Nationalitätengrenzen nach Osten in die UdSSR hineinverschoben hatte.

Der Hitler-Stalin Pakt hat dieses Vorgehen der UdSSR erleichtert. Die Rote Armee marschierte am 17.9.1939 in Polen ein, nachdem die polnische Armee im Westen von der deutschen Wehrmacht weitgehend geschlagen war.

Aufgabe 2:

Zweckbündnis = Bündnis von Staaten mit eigentlich unterschiedlichen Interessen zu einem bestimmten Zweck, hier zum Zwecke der Niederwerfung Deutschlands. Im Gegensatz dazu z.B. Bündnisse wie NATO als "westliche Wertegemeinschaft" oder "Heilige Allianz" im 19. Jahrhundert.

Die Westmächte Großbritannien und USA sahen die UdSSR bis zum Ausbruch des 2. Weltkriegs mit Mißtrauen, teilweise mit offener Feindschaft an. Beide Staaten intervenierten erfolglos im russischen Bürgerkrieg auf der Seite der Weißen. Die Sowjetisierung Rußlands wurde in der Öffentlichkeit beider Staaten höchst negativ kommentiert ("red scare"), die diplomatische Anerkennung verzögert. Dieses Mißtrauen wurde von der Seite Großbritanniens unter dem Eindruck der Zerschlagung der Resttschechei durch Hitler aufgegeben. Bündnisverhandlungen mit Stalin zum Schutze Polens scheiterten, der Hitler-Stalin-Pakt und das darauffolgende Vorgehen Stalins gegen Polen, die baltischen Staaten und Finnland bestätigten die britische Ansicht vom sowjetischen Diktator.

Erst der Angriff Deutschlands auf die Sowjetunion änderte die Verhältnisse: Die UdSSR wurde der natürliche Verbündete Großbritanniens und später der USA. Im August 1941 kam es zur Aufnahme von Waffenlieferungen an die UdSSR. 1.1.1942: Washington-Pakt. Das Zweckbündnis mit der UdSSR endete 1946 mit dem Beginn des Kalten Krieges und der Politik des "containment".

Vom Standpunkt der UdSSR aus gesehen war das Bündnis mit dem "imperialistischen Lager" eine Lebensnotwendigkeit, um die unmittelbare Bedrohung durch Hitler zu beseitigen. Die westlichen Alliierten sollten Waffen liefern und eine zweite Front in Europa eröffnen. Dafür ließ man sich zunächst auch auf die Politik der "Einen Welt" von Roosevelt ein. Allerdings war schon auf den Kriegskonferenzen zu erahnen, daß die UdSSR dem Bündnis nicht über das Kriegsende hinaus traute: Den westlichen Staaten wurden Einflußsphären abgerungen, die von Stalins Standpunkt aus das Sicherheitsbedürfnis der UdSSR befriedigen sollten.

Aufgabe 3 a):

Truman sieht Europa 1947 in der Phase der entscheidenden Auseinandersetzung mit dem Kommunismus: Fallen Griechenland und/oder die Türkei dem sowjetischen Expansionsdrang zum Opfer, ist auch der Rest Mittel- und Westeuropas aufs äußerste bedroht.

Im Unterschied zur Situation in den anderen späteren Ostblockstaaten, in denen 1945 die Rote Armee stand und in deren innere Angelegenheiten die USA nur mit Waffengewalt hätten eingreifen können, müssen die USA im Falle Griechenlands oder der Türkei zugunsten der demokratischen Sache eingreifen - auch auf die Gefahr eines Krieges hin. "Ein Wiederaufleben des Isolationismus" hätte nach Truman "nur ein Ergebnis zeitigen" können, "nämlich, Rußland riesige Ländermassen in den Rachen zu werfen", weil nur Amerika 1947 in der Lage ist, der UdSSR militärisch Paroli zu bieten.

Aufgabe 3 b):

Die Politik des "containment" läßt sich an wirtschaftlichen und militärischen Maßnahmen belegen:

- Marshall-Plan (benannt nach dem amerikanischen Außenminister): Die USA bieten allen europäischen Staaten Kredite und materielle Unterstützung an zum Wiederaufbau der zerstörten Volkswirtschaften. Die UdSSR weist dieses Angebot "im Namen" der späteren Ostblockstaaten zurück. Für die spätere Bundesrepublik bildet das European Recovery Program (ERP) unter anderem die Grundlage zur wirtschaftlichen Gesundung. Mit dem ERP wollen die USA dem Kommunismus die Einflußmöglichkeiten entziehen, die er eventuell wegen der wirtschaftlichen Not auch in den westeuropäischen Staaten hätte.
- Gründung militärischer Paktsysteme wie NATO, SEATO, CENTO und Stationierung amerikanischer Truppen in vielen Teilen der Welt, womit einem gewaltsamen Vordringen des Kommunismus vorgebeugt werden soll.

Aufgabe 3 c):

Mit dem Kriegseintritt in den 1. Weltkrieg traten die USA erstmals militärisch in Europa auf. Nachdem sich aber die amerikanischen Kriegsziele (Demokratisierung, gerechte Weltfriedensordnung) nur partiell durchsetzen ließen, kehrten die USA zur Politik des Isolationismus zurück (Nichteintritt in den Völkerbund). Die USA engagierten sich nur wirtschaftlich in Europa.

Mit dem Erstarken der Diktaturen in Europa und dem japanischen Expansionsdrang in China in den 30er Jahren, wandelt sich die amerikanische Politik unter Roosevelt allmählich:

- 1934 diplomatische Beziehungen zur UdSSR
- 1937 "cash and carry" = USA lassen Waffenlieferungen an kriegführende Staaten gegen Barzahlung zu. Roosevelt sieht die Welt von einer Auseinandersetzung zwischen Demokratie und Diktatur bedroht (Quarantäne-Rede)
- ab 1938 amerikanische Aufrüstung
- 1939 USA bleiben neutral, beginnen aber Vorkehrungen für den Kriegsfall zu treffen (Nationaler Verteidigungsrat)
- 1940 Aufnahme von Waffenlieferungen an Großbritannien
- 1941 Lend Lease Act: USA belieferten Großbritannien auch ohne Barzahlung, Großbritannien überläßt USA Flotten- und Marinestützpunkte in den Dominions
- 8.12.1941 Kriegseintritt der USA nach japanischem Überfall auf Pearl Harbour
- 1945 nach dem Sieg maßgeblicher Anteil der USA an der Gründung der United Nations (Atlantik-Charta 1941-1944, Konferenz von Dumbarton Oaks) als Krönung der Politik der "one world"
- mit Ausbruch des Kalten Krieges übernehmen die USA die Rolle einer westlichen Führungsmacht, unter deren atomarem Schirm West- und Mitteleuropa vor der Sowjetunion geschützt werden sollen. Die USA spielen eine wesentliche Rolle bei der Entkolonialisierung Afrikas, Asiens und Lateinamerikas und stellen sich der Ausbreitung des Kommunismus militärisch offen (Korea, Vietnam) und verdeckt (Kuba und andere Staaten in Lateinamerika und Afrika) entgegen
- ab 1975 Politik der Entspannung und Rüstungskontrolle mit der UdSSR
- 1980 Rückkehr zu einer schärferen Konfrontationspolitik unter Reagan (NATO-Doppelbeschluß, SDI)
- 1991 nach dem Ende des Kalten Krieges und dem Ende des Kommunismus in Osteuropa und der UdSSR Formulierung einer neuen, demokratischen Weltordnung durch Bush. Die USA intervenieren im Auftrag der UNO im 2. Golfkrieg gegen den Irak

Aufgabe 4:

Truman weist der UdSSR die Schuld am Ausbruch des Kalten Krieges zu. Diese Schuldzuweisung geht vom amerikanischen Standpunkt aus, dessen Interesse die Aufrechterhaltung/Einführung von Demokratie und Marktwirtschaft in allen Teilen der Welt ist.

Eine Diskussion der Ursachen des Kalten Krieges sollte folgende Punkte beinhalten:

- Volksfronttaktik der UdSSR in Polen, CSSR, Ungarn, Rumänien, Bulgarien und Griechenland
- Unterstützung Mao Tse-tungs in China
- die Sozialisierungspolitik in der SBZ = sowjetische Sicherheitsinteressen aus der historischen Erfahrung des 19. und 20. Jahrhunderts (1813, 1917-1921, 1939) + Vordringen und Schutz des Sozialismus vom sowjetischen Standpunkt aus + Mißtrauen Stalins gegenüber Großbritannien und der USA z.B. wegen deren Deutschlandpolitik (UdSSR enthält keine Reparationen aus den Westzonen, wirtschaftlicher Wiederaufbau dort ohne Berücksichtigung sowjetischer Vorbehalte ab 1946) und des amerikanischen Atmowaffenmonopols
- die USA ist entschlossen, sich die Früchte des Sieges von 1945 weder in Asien noch in Europa aus der Hand schlagen zu lassen: Durchsetzung eines freien Welthandels, von dem die USA als stärkste wirtschaftliche Macht am meisten profitiert. Demokratisierung im amerikanischen Sinn überall dort, wo "die Völker reif für die Demokratie sind" = kommunistische Einflüsse blockieren
- Ein Blick auf die amerikanische Außenpolitik und ihre offenen und verdeckten Interventionen zeigt, daß häufig das Ziel Demokratie dem Zweck Marktwirtschaft und freier Handel untergeordnet wurde: Unterstützung lateinamerikanischer und asiatischer Diktaturen zwecks Wahrung amerikanischer Wirtschaftsinteressen oder zwecks Verhinderung des "Vordringens des Kommunismus" z.B. auf den Philippinen, in Korea, Chile, Dominikanische Republik usw.

✍ *Ergänzungen:*

Musterlösung zu Aufgabe 5:

Aufgabe 1:

1932 bedeutet politische Krise:

- voranschreitender "stiller" Verfassungswandel vom Präsidialkabinett Brünings (bis 30.5.1932) zu dem von Papens (Juni-Dezember) und von Schleichers (Dezember 1932-Januar 1933)
- Lähmung und Ausschaltung des Reichstages
- Wahlgewinne für NSDAP und KPD bei den beiden Reichstags- und den Landtagswahlen
- zunehmende Bereitschaft der konservativen Kräfte zur Beteiligung Hitlers an der Regierung
- Machtzentrum ist der Reichspräsident (bzw. sein Beraterkreis), der mit Notverordnungen auf der Basis des Artikels 48 der Weimarer Verfassung regiert. 1932 bedeutet aber auch den Höhepunkt der wirtschaftlichen Krise: Arbeitslosigkeit, Not, soziale Unruhen, zeitweilig bürgerkriegsähnliche Zustände

1933:

Das am 30.1.1933 eingesetzte Kabinett Hitler unterscheidet sich auf den ersten Blick nicht grundsätzlich von den vorhergehenden Regierungen. Hitler ist eingebunden in eine mehrheitlich rechtskonservative Koalitionsregierung.

Die Auflösung des Reichstages und der Wahlkampf ermöglichen Hitler die ersten Schritte zur radikalen Veränderung des politischen Systems. Mit den Reichstagsbrandverordnungen vom 28.2.1933 gewinnt er die rechtliche Handhabe, um alle Grundrechte "bis auf weiteres" außer Kraft zu setzen und politische Gegner auszuschalten. Da die Reichstagswahlen vom 5.3.1933 der NSDAP nicht zur erwarteten absoluten Mehrheit verhelfen, muß die Koalition mit der DNVP zunächst beibehalten werden.

Die Fiktion der "legalen" und "nationalen" Revolution muß aufrecht erhalten werden. Bürgerliche Kräfte im Reichstag sind zu gewinnen, um die notwendige Mehrheit für das beabsichtigte Ermächtigungsgesetz zu erreichen. Ziel des Aufrufs ist offensichtlich, radikale Kräfte in der NSDAP von gewalttätigen Aktionen im Moment abzuhalten. Interessant ist, daß um diese Zeit die KPD bereits verboten ist.

Aufgabe 2:

Für Hitler war die "Novemberrevolution" verbunden mit:

- dem Internationalismus des Kommunismus
- der Weltverschwörung des Judentums
- Gewalt, Chaos und Unordnung einer Revolution von unten
- dem nationalen Verrat der Demokraten

Seine Revolution sollte nach den Erfahrungen des mißglückten Novemberputsches und angesichts der augenblicklichen Machtverhältnisse gelten als:

- bewußt national, daher "nationale Regierung" (Z. 13), "nationale Erhebung" (Z. 5 f)
- legal, d.h. ohne offensichtliche Verletzung des Verfassungsrechtes und ohne Putsch
- geordnet, planmäßig im Ablauf und "von oben geleitet" (Z. 15)
- den Parlamentarismus durch Tatkraft ersetzend

Es sollte also keinerlei Vergleich zwischen der von ihm aus ideologischen und strukturellen Gründen abgelehnten Revolution von 1918 und der radikalen Umwälzung von 1933 hergestellt werden können. Auch den Anschein einer Ähnlichkeit galt es zu meiden - mit Rücksicht auf die konservativen Kräfte um den Reichspräsidenten, im Beamtenwesen und in der Reichswehr.

Aufgabe 3:

Die Bedeutung der Parole "Vernichtung des Marxismus":

a) für den Aufstieg der NSDAP:
   - "Antimarxismus" = "Antikommunismus" = "Antibolschewismus" ist ein Grundelement der NS-Ideologie. Da die Drahtzieher auch hinter dem Kommunismus die Juden sind, ist der Kampf gegen den Marxismus zugleich Teil des Rassenkampfes.
   - Mit "Marxismus" ließ sich je nach Situation vieles identifizieren: die Sowjetunion, der internationale Kommunismus, die KPD, USPD und SPD, die Gewerkschaften, linke Intellektuelle. "Antimarxismus" war daher eine wichtige Parole der NS-Propaganda. Als "Sündenbock" für alle negativen Erscheinungen war er nutzbar: Novemberrevolution, Versailles, Inflation, Weltwirtschaftskrise...
   - Gleichzeitig bot die Parole die Chance, Wählergruppen an sich zu binden: das durch Krieg, Revolution und Inflation tief verunsicherte Kleinbürgertum, das um sein Eigentum fürchtende Besitzbürgertum, ab 1930 Teile des Unternehmertums, das sich vor der wachsenden KPD und möglichen Sozialisierungen fürchtete. Mit "Antimarxismus" ließen sich schließlich auch konservative Kreise als Partner gewinnen, selbst die Kirchen stimmten mit solchen Zielsetzungen überein. Der neue "nationale Sozialismus" sollte auch eine Brücke zur Arbeiterschaft schlagen.
   - "Marxismus" bedeutete in den Augen Hitlers immer auch Klassenkampf, der die Einheit der Nation verhinderte. Seine Vorstellung von "Volksgemeinschaft" entsprach dem Bedürfnis nach Ordnung und Harmonie.

b) am 10.3.1933:
   - Einigungsappell im Innern
   - Beschwichtigung nach außen
   - Rechtfertigung für die bereits in Gang befindliche Ausschaltung politischer Gegner
   - die Aufrüstung

Aufgabe 4:

Maßnahmen zur Aushöhlung der Weimarer Reichsverfassung:

Ein wesentlicher Schritt war bereits mit den Reichstagsbrandverordnungen vom 28.2.1933 getan, mit deren Hilfe die Grundrechte außer Kraft gesetzt werden konnten.

Das Ermächtigungsgesetz vom 24.3.1933 schaltete das Parlament aus und übertrug auch die legislative Gewalt der Reichsregierung. Schnell und planmäßig erfolgte dann die "Gleichschaltung" des gesamten öffentlichen Lebens:

- Der föderalistische Aufbau des Reiches wird in mehreren Stufen zerschlagen: Länder- und Kommunalparlamente werden entsprechend der Zusammensetzung des Reichstages umgebildet (31.3.1933), Reichsstatthalter in den Ländern eingesetzt (7.4.1933), schließlich die Länderparlamente abgeschafft (30.1.1934) und der Reichsrat aufgelöst (14.2.1934).
- Die Parteien werden verboten oder lösen sich unter Druck selbst auf, nicht einmal die DNVP wird verschont. Am 14.7.1933 wird der Einparteienstaat gesetzlich verordnet.
- Die staatliche Verwaltung wird mit dem "Gesetz zur Wiederherstellung des Berufsbeamtentums" von mißliebigen Beamten gesäubert. Die Übernahme der Polizeigewalt höhlt den Rechtsstaat weiter aus. Konzentrationslager und Sondergerichte sind Teil des Unrechtsstaates.
- Am 2.5.1933 werden die freien Gewerkschaften aufgelöst, eigene nationalsozialistische Arbeiterorganisationen werden aufgebaut => DAF.
- Gleichgeschaltet wird außerdem auch die öffentliche Meinung. Das Reichspropagandaministerium (eingerichtet am 13.3.1933) regelt das Nachrichtenwesen und kontrolliert das kulturelle Leben.
- Im Juni/Juli 1934 wird die SA-Führung beseitigt und damit jede Form einer Opposition innerhalb der NS-Organisationen gegen Hitler.
- Die Diktatur wird vollendet, als Hitler am 2.9.1934 auch das Amt des Reichspräsidenten übernimmt und die Reichswehr auf den "Führer und Reichskanzler Adolf Hitler" vereidigt wird.

Aufgabe 5:

Der formale Fortbestand der Weimarer Verfassung ist Teil der Legalitätstaktik Hitlers. Am 30. Januar 1933 wird der erklärte Feind jeder demokratischen Verfassung scheinbar legal deutscher Reichskanzler. Der Reichspräsident, dessen Vorbehalte gegen den "böhmischen Gefreiten" bekannt waren, ernennt ihn nach Art. 53 der Weimarer Verfassung. Die Legalitätstaktik verfängt bereits beim Reichspräsidenten, ist Hitler doch in den ersten Wochen sehr darauf bedacht, die Rolle des Reichspräsidenten innerhalb der "nationalen Erhebung" hervorzuheben. (Siehe: Tag von Potsdam!)

Der Plan der konservativen Partner Hitlers ist es, den Führer zu zähmen und die braune Massenbewegung für eigene Zwecke zu nutzen, zumal der Höhenflug der NSDAP nach den Novemberwahlen 1932 gebrochen zu sein scheint und neben Hitler nur zwei NSDAP-Mitglieder in der Regierung sitzen: Frick allerdings in der Schlüsselposition des Reichsinnenministers und Göring. Je mehr Hitler sich nach außen mäßigt, um so sicherer müssen sich von Papen und Hugenberg fühlen. Zu spät erkennen sie, wie planmäßig hinter der "nationalen Revolution" die NS-Diktatur vorbereitet wurde.

Die Legalitätstaktik ist auch notwendig gegenüber dem Beamtentum, das in seiner Mehrheit konservativ und legalistisch denkt. Ähnlich verhält es sich mit der Justiz.

Schließlich erliegen der Legalitätstaktik auch die bürgerlichen Parteien. Ihre Reichstagsfraktionen stimmen dem Ermächtigungsgesetz zu und vertrauen auf die Zusagen Hitlers.
Den mächtigsten Gegner einer NS-Revolution muß Hitler in der Reichswehr sehen. Durch frühe Zusagen und die Liquidierung der SA-Führung im Röhm-Putsch gewinnt Hitler langsam Vertrauen in der Generalität.

Es ist jedoch zu betonen, daß die Legalitätstaktik nur eine Seite der NS-Machtergreifung kennzeichnet. Hitlers Diktatur wird auch errichtet mit Terror und Propaganda, mit Rechtsbrüchen, dem Mißbrauch staatlicher Gewalt, der Abschaffung des Rechtsstaates.

✍ *Ergänzungen:*

Musterlösung zu Aufgabe 6:

Aufgabe 1:

Die alliierte Siegerkoalition war zwischen 1945 und dem Beginn des Jahres 1947 zerbrochen. Weltweite machtpolitische und ideologische Gegensätze trennten zunehmend die USA und die UdSSR. Die Rede des amerikanischen Präsidenten Truman am 12.3.1947 trägt dem Rechnung: Das neue außenpolitische Konzept der USA (= Truman-Doktrin) zielt auf eine Eindämmung des kommunistischen Einflusses ab, geht von einer Zweiteilung der Welt aus ("demokratische" und "totalitäre" Staaten) und verspricht den bedrohten Staaten Hilfe. Am 5.6.1947 kündigt der neue US-Außenminister Marshall ein wirtschaftliches Hilfsprogramm für Europa an, dessen erklärtes Ziel es ist, die Wirtschaften der europäischen Staaten zu stärken und damit eine weitere Ausbreitung des Kommunismus zu verhindern.

Der Plan geht davon aus, daß ein wirtschaftlicher Aufschwung in Europa nur erreichbar ist, wenn auch Deutschland in das Wiederaufbauprogramm integriert wird.

Die Sowjetunion antwortet auf diese Initiativen mit der Gründung der Kominform (= Kommunistisches Informationsbüro) am 30.9.1947, die der UdSSR eine Kontrolle der europäischen Kommunisten erlaubte, der weiteren Sowjetisierung Osteuropas und der Zwei-Lager-Theorie. Der Ost-West-Gegensatz beherrscht nun die internationale Politik.

Vor dem Hintergrund dieses Konfliktes ist nun auch eine Verständigung der Großmächte über Deutschland nicht mehr möglich. Die Außenministerkonferenzen von Moskau und London (1947) scheitern. Die Initiative zur Bildung eines westdeutschen Teilstaates geht von den drei Westmächten aus, die in ihre Beratungen die Benelux-Staaten einbeziehen. Das Ergebnis sind die Beschlüsse der Sechs-Mächte-Konferenz und die Frankfurter Empfehlungen vom 1.7.1948, die den westdeutschen Ministerpräsidenten den Auftrag erteilen, die Gründung eines Weststaates vorzubereiten. Die Währungsreform vom 20.6.1948 ist zur wirtschaftlichen Gesundung wie zur staatlichen Einigung der Westzonen und der Integration in die Marshallplanhilfe notwendig, teilt aber zugleich Deutschland wirtschaftlich.

Mit der Blockade Berlins (4.6.1948-12.5.1949) und der Vorbereitung der Gründung eines ostdeutschen Teilstaates reagiert der Osten auf diese Entwicklung. 1949 entstehen zwei deutsche Staaten, die sich in ihren politischen Strukturen bereits stark unterscheiden, am Ziel der Wiedervereinigung allerdings festhalten. Berlin ist geteilt und erhält einen Sonderstatus, da es unter der Viermächteverantwortung verbleibt.

Parallel zur deutschen Teilung verläuft die europäische Teilung: Der Expansion des Kommunismus in Europa sollte ein kollektives Sicherheitssystem in Westeuropa begegnen. Am 4.4.1949 wird der Nordatlantikvertrag von den USA, Kanada und zehn europäischen Ländern unterzeichnet. Mit der Gründung der OEEC (= Organization of European Economic Cooperation) beginnt die Entwicklung einer europäischen Zusammenarbeit im wirtschaftlichen Bereich.

Entscheidend für die weitere Entwicklung in Europa und das Verhältnis der beiden deutschen Staaten zueinander aber wird der Ausbruch des Koreakrieges am 25.6.1950. Er verfestigt die Blockbildung in der Welt und steigert die Furcht vor einem sowjetischen Angriff in Europa.

Aufgabe 2:

Sie verlangen zunächst eine Vier-Mächte-Erklärung gegen die "Remilitarisierung Deutschlands" (Z. 9f.). Ziel dabei ist es, die Verwirklichung der im Westen diskutierten Pläne eines westdeutschen Wehrbeitrags im Rahmen eines Verteidigungsbündnisses zu verhindern.

Die Forderung nach Aufhebung der Beschränkungen für die "deutsche Friedenswirtschaft" (Z. 14f.) muß als Versuch gewertet werden, der UdSSR Einfluß auf die wirtschaftliche Entwicklung in der Bundesrepublik zu sichern und gleichzeitig propagandistisch die wirtschaftliche Situation in der DDR zu verschleiern.

Der "Abschluß eines Friedensvertrages" (Z. 17), die "Wiederherstellung der Einheit" (Z. 18) Deutschlands und der Abzug der "Besatzungstruppen" (Z.19f.) steht in direktem Zusammenhang mit der ersten Forderung.

Ein gesamtdeutscher Rat soll paritätisch aus "Vertretern Ost- und Westdeutschlands" (Z. 23) zusammengesetzt werden und die politische Einigung

Deutschlands vorbereiten. In der Folge versucht die Führung der DDR tatsächlich, mit Bundeskanzler Adenauer direkt Kontakt aufzunehmen, um die sofortige Bildung dieses Rates zu herbeizuführen.

Aufgabe 3:

Der Koreakrieg beschleunigte die Entscheidung über einen deutschen Wehrbeitrag, sah man doch weithin Korea als Beginn einer großangelegten kommunistischen Offensive. Vor allem die USA drängten, während in Frankreich die Widerstände gegen eine europäische Armee mit deutscher Beteiligung zu schmelzen begannen. Adenauer erkannte die Chance, mit der Integration eines deutschen Kontingents den schrittweisen Abbau des Besatzungsstatutes und gleichzeitig mehr Sicherheit in einem westlichen Militärbündnis zu erlangen. Zwar erreichte die Diskussion um die deutsche Wiederbewaffnung erst im Oktober 1951 ihren Höhepunkt, die Ablehnung der Forderung der Ostblockstaaten nach einem Verzicht auf "Remilitarisierung" war angesichts der amerikanischen und westdeutschen Interessen aber von vornherein klar.

Eine Rückkehr zu den Prinzipien von Potsdam hätte für die Bundesrepublik einen Rückschritt in der wirtschaftlichen und politischen Entwicklung bedeuten müssen. Zudem war die wichtigste Voraussetzung für eine gemeinsame alliierte Deutschlandpolitik nicht mehr vorhanden: das gegenseitige Vertrauen.

Die Forderung nach dem "unverzüglichen Abschluß eines Friedensvertrages" (Z. 17) und dem raschen Abzug aller Besatzungstruppen widersprach den Vorstellungen der drei Westmächte, deren Außenminister am 13.5.1950 erklärt hatten, der "erste Schritt" zur Wiedervereinigung müsse in der "Abhaltung von freien Wahlen in ganz Deutschland" bestehen. Der Streit um die richtige Reihenfolge der Schritte zur deutschen Einheit bahnt sich hier schon deutlich an.

Ganz und gar unannehmbar war für Bonn die paritätische Besetzung des gesamtdeutschen Rates: Die unterschiedliche Größe der beiden deutschen Staaten bliebe so unberücksichtigt, in jedem Fall würde der Rat eine Aufwertung der SED und der DDR bedeuten, der man eine demokratische Basis im Westen absprach.

Die Beschlüsse von Prag tendieren auf ein neutrales Deutschland zwischen den Blöcken. Die Verwirklichung hätte wohl den Rückzug aus den wirtschaftlichen und politischen Verflechtungen mit dem Westen zur Folge gehabt, d.h. aus der Marshallplanhilfe und der Montanunion. Zudem mußte eine Wiedervereinigung aus Bonner Sicht mit einem sozialistischen Teilstaat wenig attraktiv erscheinen.

Aufgabe 4:

Das weitestgehende Angebot der UdSSR war in der berühmten Stalin-Note vom 10.3.1952 und dem anschließenden Notenwechsel enthalten. Die Sowjetunion bot den Westmächten Gespräche über die Wiedervereinigung zum Preis der Neutralität Deutschlands an. Gesamtdeutsche Wahlen sollten am Beginn des Einigungsprozesses stehen. Die gesamtdeutsche Regierung sollte an der Ausarbeitung eines Friedensvertrages beteiligt werden. Es wurde den Deutschen sogar das Recht zugestanden, eigene nationale Streitkräfte zu unterhalten.

Bis heute ist umstritten, wie ernsthaft das Angebot Stalins war. Es kam allerdings auch nicht zu einem "Ausloten" der Möglichkeiten, da die drei Westmächte wie Adenauer der militärischen Integration Deutschlands in die EVG den Vorrang einräumten und aus einer Position der Stärke heraus später zu noch günstigeren Bedingungen zu kommen glaubten.

Molotow legte auf der Berliner Konferenz der Außenminister (25.1.-18.2.1954) einen weiteren Plan vor: Entscheidend verändert war nun die Reihenfolge der Schritte zur deutschen Einigung. Die Sowjets verlangten nun als erste Maßnahme den Abschluß eines Friedensvertrages, während die Westmächte mit freien Wahlen beginnen wollten. Abgelehnt wurde vom Westen auch die Neutralität Deutschlands.

Als am 30.8.1954 die Französische Nationalversammlung den EVG-Vertrag ablehnt, verstärkt die UdSSR ihre Bemühungen, ein westliches Militärbündnis zu verhindern. Die deutschlandpolitischen Vorschläge dieser Zeit enthalten jedoch wenig Neues.

Am 5.5.1955 schließlich treten die Pariser Verträge in Kraft: Die Bundesrepublik ist nun bedingt souverän, am 9.5.1955 erfolgt der Beitritt zur NATO, fünf Tage später wird das östliche Militärbündnis abgeschlossen: der Warschauer Pakt, dem 1956 die DDR beitritt. Mit der militärischen Integration in die beiden Paktsysteme ist die Wiedervereinigung zu einem fernen Ziel geworden.

Bereits auf der Genfer Gipfelkonferenz vom 18.7.-23.7.1955 vertreten die Sowjets die "Zweistaatentheorie", die den beiden deutschen Staaten die Verantwortung für die Wiedervereinigung zuschiebt. Da die Bundesrepublik den Alleinvertretungsanspruch nach der sogenannten Hallsteindoktrin vertritt, kommen gesamtdeutsche Gespräche erst gar nicht in Gang.

Eine neue Situation entsteht erst, als am 27.11.1958 Chruschtschow das "Berlin-Ultimatum" verkündet: Aufgekündigt werden die Besatzungsverpflichtungen und der Vier-Mächte-Status von Berlin. Ziel der mit Drohungen verbundenen Politik war die Anerkennung der DDR durch die Westmächte. Die nachfolgenden Verhandlungen in Genf und Camp David erbrachten nur im Zeichen einer vorsichtigen Entspannung die Anerkennung des status quo.

Aufgabe 5:

Durch ihre Lage an den Rändern der Blöcke waren die beiden deutschen Staaten von Veränderungen im Ost-West-Verhältnis besonders betroffen. Die vorsichtige Annäherung der beiden Supermächte nach der Kubakrise 1962 bot Chancen und Risiken für die Lösung der deutschen Frage. In der Bundesrepublik wurde vor allem gefürchtet, die ehemaligen Alliierten könnten sich über die Köpfe der Deutschen hinweg einigen.

Mit dem Mauerbau am 13.8.1961 begann die innere Stabilisierung der DDR. Das Ziel der Wiedervereinigung wurde damit im östlichen Teil Deutschlands nicht aufgegeben. Große Schritte waren wegen des Alleinvertretungsanspruchs der Bundesrepublik in den Jahren bis 1969 nicht möglich. Dem Ausbau der Beziehungen zu den westeuropäischen Ländern, vor allem zu Frankreich, und der Errichtung einer Europäischen Wirtschaftsgemeinschaft galt das Hauptaugenmerk der Politik der Bundesrepublik.

Erst mit der sozial-liberalen Koalition begann endgültig eine neue Phase der Deutschlandpolitik. Ermöglicht wurde sie durch die weitere Entspannung zwischen den beiden Supermächten. Mit der Ostpolitik der Regierung Brandt/Scheel rückte nach 1962 erstmals wieder die deutsche Frage in den

Mittelpunkt. Die Verträge von Moskau, Warschau und Prag eröffneten die Möglichkeit zur Regelung des deutsch-deutschen Verhältnisses. Das Vier-Mächte-Abkommen über Berlin vom 3.9.1971 entschärfte ein zentrales Problem. Der Grundlagenvertrag, der am 21.12.1972 abgeschlossen wurde, diente der "Normalisierung der Beziehungen" zwischen zwei nun gleichberechtigten deutschen Staaten. Der Alleinvertretungsanspruch wird aufgegeben, doch erfolgt keine völkerrechtliche Anerkennung der DDR. Eine spätere Wiedervereinigung der beiden deutschen Staaten wird nicht ausgeschlossen.

Nicht ohne kritische Zwischenphasen entwickelte sich in der Folgezeit das deutsch-deutsche Verhältnis im "Schatten internationaler Konflikte". Als in der Folge der Energiekrise auch in der DDR wirtschaftliche Schwierigkeiten auftraten, erhöhte sich ihre Verhandlungsbereitschaft. Der Einmarsch sowjetischer Truppen in Afghanistan kühlte das internationale Klima deutlich ab.

Wie sehr die Lösung der deutschen Frage tatsächlich von der internationalen Lage abhing, läßt sich nirgendwo deutlicher nachweisen, als bei der Vereinigung der deutschen Staaten am 3.10.1990.

6. Prüfungsstrategien bei mündlichen Abiturprüfungen in Geschichte

Viele Schüler haben vor mündlichen Prüfungen mehr Angst als vor schriftlichen Prüfungen. Entsprechend groß ist die daraus entstehende Nervosität, die um so hinderlicher ist, als es bei dieser Prüfungsart auf eine gewisse Portion Geistesgegenwart ankommt. Da es sich um eine Form des Gesprächs handelt, hat man nicht lange Zeit, um die Frage zu erfassen, zu überlegen und die Antwort zu organisieren. Natürlich wird man den "Faktor Nerven" nie ganz ausschalten können, allerdings seien ein paar Dinge in Erinnerung gerufen, mit denen man die eigene Nervosität weitgehend in den Griff bekommen kann, vor allem dann, wenn man sich in punkto fachlicher Vorbereitung nichts vorwerfen kann:

- Im Normalfall will ein Prüfer Sie nicht schlecht aussehen lassen, er kennt Ihre Nervosität und die Bedeutung der Prüfung.
- Deshalb wird er es Ihnen in gewissem Maße nachsehen, wenn Sie einmal den Faden verlieren (z.B. in einem Kurzreferat) oder sich verhaspeln. Machen Sie in diesem Fall eine kleine Sprechpause, und setzen Sie neu an.

Bitte halten Sie sich weiterhin vor Augen, daß im Abitur kein Abfragen erfolgt, wie Sie es vom Unterricht der Sekundarstufe I oder Mittelstufe her kennen. Sie sollen ein Gespräch führen über ein oder mehrere, vorher festgelegte Stoffgebiete. Daraus folgt, daß von Ihnen auch die völlig normalen Reaktionen eines Gesprächspartners erwartet werden:

- Zwingen Sie sich zu einem normalen Sprechtempo. Man verlangt von Ihnen nicht, daß Sie wie ein Wasserfall sprudeln.
- Wenn Sie eine Frage nicht beantworten können, sagen Sie das und versuchen Sie nicht auszuweichen oder zu "schwafeln". In der Regel durchschauen das Prüfer und Protokollanten. Mit dieser Offenheit verhindern Sie, daß Prüfer "nachbohren" und so Zeit vergeht, in der Sie auf anderen Gebieten Ihr Wissen unter Beweis stellen können.
- Wenn Sie eine Fragestellung nicht verstehen, bitten Sie den Prüfer dieselbe zu präzisieren oder anders zu stellen. Andernfalls laufen Sie Gefahr, am Thema vorbei zu reden.

- Drücken Sie sich möglichst genau aus. Vermeiden Sie z.B. unbedingt den Gebrauch von Pronomen, deren Bezug nicht eindeutig ist, oder von Fremdwörtern, deren genaue Bedeutung Sie nicht kennen.
- Berührt eine Frage ein Themengebiet, in dem Sie sich besonders gut auskennen, so vermeiden Sie Weitschweifigkeit. Natürlich können Sie versuchen, den Umfang Ihrer Kentnisse anzudeuten, um den Prüfer zum Nachfragen zu "verführen".
- Stellen Sie auch in der mündlichen Prüfung keine Behauptungen auf, ohne sie zu belegen.

Die Art, sich auf eine mündliche Prüfung im Fach Geschichte vorzubereiten, ist ähnlich der Vorbereitung auf die schriftliche: Idealerweise liest man sich - bevor man ins Detail geht - die zu einem bestimmten Themenbereich passenden Seiten eines Mittelstufenlehrwerks durch, um einen Überblick zu erhalten. Anschließend notiert man sich einen Datenkatalog zum Stoffgebiet. Diesen Katalog aus Zahlen, Namen und Ereignissen lernt man, z.B. indem man sich selbst ein paar Reproduktionsfragen stellt (siehe die Unterpunkte 3. in Kapitel 4.1-4.8). Sicherlich ist es keine schlechte Idee, die mündliche Wiedergabe dieser Fakten und ihren Zusammenhang einmal laut zu üben. Anhand einer Tonbandaufzeichnung kann man darüber hinaus eigenen Ausdrucksschwächen auf die Spur kommen.

Als nächsten Schritt erschließt man aus den Aufzeichnungen des Unterrichts oder aus begleitender Lektüre die Fragestellungen, die im Rahmen dieses Themas üblicherweise diskutiert werden. Schließlich übt man wie bei den Daten die mündliche Wiedergabe dieser Fragen bzw. die Darstellung eines komplexeren Zusammenhangs. Der letzte Punkt ist dann besonders wichtig, wenn die mündliche Prüfung ein Kurzreferat einschließt.

Bitte denken Sie daran, daß natürlich auch mündlichen Antworten auf komplexere Fragen und Kurzreferaten eine durchdachte Gliederung zugrunde liegen muß. Die Tatsache, daß man in Prüfungsgesprächen nicht lange Zeit hat, sich eine Gliederung zurechtzulegen, unterstreicht nochmals die Bedeutung der Tatsache, daß man einmal laut geübt haben sollte, was man in der Prüfung wiedergeben soll. An dieser Stelle ist übrigens die gemeinsame Vorbereitung mit einem oder mehreren "Leidensgenossen" besonders wertvoll. Fragen Sie sich gegenseitig ab!

Zum Schluß noch zwei Hinweise, die es Ihnen erleichtern sollen, möglichst genau herauszubekommen, was Sie erwartet, und so mit möglichst wenig Nervosität ins Abitur zu gehen:

Wenn Sie bereits in der 12. Klasse wissen, daß Sie im Fach Geschichte eine mündliche Prüfung machen werden, versuchen Sie in dieser Jahrgangsstufe bei den mündlichen Abiturprüfungen anwesend zu sein. Die Schulordnungen mancher Bundesländer lassen dies zu. Falls das nicht möglich ist, so sprechen Sie Abiturienten nach der Prüfung an. Versuchen Sie möglichst viel über den Verlauf und die Fragen des Prüfers herauszubekommen, vor allem dann, wenn Ihnen derselbe Prüfer droht. Vielleicht kennen Sie auskunftsfreudige Schüler vorhergehender Jahrgänge, die vom selben Lehrer geprüft wurden wie Sie. Die Anzahl und Art der Fragen zu einem Themengebiet sind nämlich begrenzt, deshalb kann es durchaus sein, daß Ihnen ähnliche oder gar gleiche Fragen gestellt werden, wie Ihren Vorgängern.

Bitten Sie den Prüfer vor dem Abitur um möglichst detaillierte Auskünfte über den Umfang des Stoffgebiets, um begleitende Lektüre und Vorbereitungsempfehlungen. Im Idealfall veranstaltet er eine Prüfung im Rollenspiel.

Viel Erfolg bei der mündlichen Abiturprüfung!

7. Anhang

Ausgewählte Kurzbiographien

☞ *Adenauer, Konrad (1876-1967):* Seine politische Karriere begann der Jurist 1906, als er Beigeordneter in der Stadtverwaltung seiner Heimatstadt Köln wurde. Von 1917 bis 1933 war er Kölner Oberbürgermeister, ab 1920 auch Präsident des Preußischen Staatsrates. Groß war sein Einfluß innerhalb der Zentrumspartei. Die Nationalsozialisten enthoben ihn aller Ämter. 1945 war Adenauer Mitbegründer der CDU, deren Vorsitzender er 1950 wurde. Als Präsident des Parlamentarischen Rates wirkte er an der Schaffung des Grundgesetzes mit. Am 15.9.1949 wurde er zum 1. Bundeskanzler gewählt, dieses Amt behielt er bis zu seinem Rücktritt am 15.10.1963 bei. Er bestimmte maßgeblich die politische Entwicklung der Bundesrepublik: Marktwirtschaft, Westintegration, Alleinvertretung, NATO-Beitritt, deutsch-französische Verständigung.

☞ *Bismarck, Otto v. (1815-1898):* Bismarck stammte aus einer Familie mit gutsherrlichem Hintergrund in Preußen. Er wurde 1847 Abgeordneter konservativer Kreise im preußischen Landtag und war entschiedener Gegner der Revolution von 1848/49. Als preußischer Gesandter in Frankfurt (Dt. Bund), Paris und Petersburg wurde die Ausdehnung preußischer Macht zum langfristigen Ziel seiner "Realpolitik" (vs. Machtpolitik und Idealpolitik). Im Rahmen des preußischen Verfassungskonflikts im Zuge der Heeresreform wurde Bismarck zum preußischen Minsterpräsidenten ernannt. Als Hauptverantwortlicher der Einigung des Deutschen Reiches unter preußischer Führung blieb Bismarck bis 1890 Kanzler des Deutschen Reiches und prägte maßgeblich Außen- (Konsolidierung des Deutschen Reiches + Bündnispolitik) und Innenpolitik (Verfassung von 1871, Kulturkampf, Schutzzölle, Sozialistengesetze, Sozialgesetzgebung). Er geriet in Gegensatz zu Wilhelm II. und wurde im März 1890 zum Rücktritt gezwungen. Danach kommentierte er kritisch das politische Zeitgeschehen und verfaßte seine Memoiren "Gedanken und Erinnerungen".

☞ *Breschnew, Leonid (1906-1982):* Breschnew stammte aus der Ukraine und trat in den 30er Jahren in die KPdSU ein. Nach dem 2. Weltkrieg, den er als Offizier erlebte, stieg er in der Nomenklatura rasch auf, wurde 1960 Vorsitzender des Präsidiums des Obersten Sowjets und folgte Nikita Chruschtschow 1964 als Erster Sekretär des Zentralkomitees der KPdSU. Als Parteichef und Hauptverantwortlicher einer repressiven sowjetischen Innenpolitik setzte er weltpolitisch die Anerkennung der UdSSR als zweite Supermacht durch, verhinderte nationale Alleingänge von Reformkommunisten in Osteuropa und zeichnete für den sowjetischen Einmarsch in Afghanistan 1979 verantwortlich. Wirtschaftlich stagnierte die UdSSR trotz vermehrter Zusammenarbeit mit dem Westen, vor allem der Bundesrepublik.

☞ *Chruschtschow, Nikita (1894-1971):* Chruschtschow stammte aus einfachen Verhältnissen, seit 1938 Führungsrolle in der KP, Generalleutnant im 2. Weltkrieg und Befehlshaber der ukrainischen Partisanen. Nach dem Krieg reorganisierte er die sowjetische Landwirtschaft und wurde 1953 nach Machtkämpfen zum Parteichef ernannt. Er setzte die Entstalinisierung durch, setzte auf Aufrüstung und Politik der Koexistenz. Nach seiner Niederlage in der Kuba-Krise und der Stagnation der sowjetischen Landwirtschaft wurde Chruschtschow 1964 von Leonid Breschnew abgelöst.

☞ *Churchill, Winston (1874-1965):* Churchill stammte aus einer konservativen Familie (Vater: Lord Randolph Churchill), zunächst Offizier und Kriegskorrespondent im Burenkrieg; konservativer Abgeordneter, zweimaliger Parteienwechsel und mehrfacher Minister bis 1929; nach Beginn des 2. Weltkrieges wieder Erster Lord der Admiralität, wurde Churchill 1940 Premierminister und Symbol des britischen Widerstandswillens gegen Nazi-Deutschland. Nach dem Sieg der Alliierten abgewählt, blieb Churchill unnachgiebiger Kritiker des Ostblocks und wurde 1951 nochmals Premierminister. Auch als Literat und Maler gewann Churchill internationale Anerkennung.

☞ *Eisenhower, Dwight D. (1890-1969):* Er gelangte im 2. Weltkrieg zu Berühmtheit, als er als amerikanischer Oberbefehlshaber die Invasion in der Normandie leitete und im Mai 1945 die Kapitulation der deutschen Wehrmacht in Reims entgegennahm. Im Mai 1952 wurde er als Kandidat der Republikaner zum Präsidenten der USA gewählt, 1956 für eine weitere Amtsperiode (konsequent anti-sowjetische Politik).

☞ *Hitler, Adolf (1889-1945):* Er entstammte einfachen Verhältnissen im niederösterreichischen Waldviertel. Nach dem frühen Tod des Vaters (1903) brach er den Schulbesuch ab. Sein Ziel war es, Künstler zu werden, doch scheiterte er zweimal bei der Aufnahmeprüfung zur Kunstakademie in Wien. Bis zum Frühjahr 1913 lebte er danach in Wien ohne feste Anstellung. Hier wurde sein Weltbild geprägt: sein Haß gegen Demokratie und Sozialismus, sein fanatischer Nationalismus und sein Antisemitismus. 1913 übersiedelte er nach München, im Herbst 1914 wurde er freiwillig Soldat. Das Kriegsende und die Novemberrevolution erlebte er gasverwundet im Lazarett. Nun beschloß er, Politiker zu werden. Er wurde 1919 Mitglied in einer Münchner Splitterpartei, bald war er deren Hauptredner und Vorsitzender. Sein Putsch im November 1933 scheiterte kläglich. In der Landsberger Haft schrieb er sein Buch "Mein Kampf". Mit dem Niedergang der Weimarer Republik begann sein Aufstieg. Am 30.1.1933 wurde er Reichskanzler. Der "Führer und Reichskanzler" herrschte bis 1945 absolut. Der Holocaust und der 2. Weltkrieg werden für immer mit seinem Namen verbunden bleiben. Am 30.4.1945 verübte er mit seiner am Tage vorher geheirateten Frau Eva Braun Selbstmord.

☞ *Kennedy, John F. (1917-1963):* Kennedy stammte aus der reichen, katholischen Kennedy-Familie. Im Krieg als Marineoffizier schwer verwundet, wandte sich Kennedy der Politik zu, er wurde Abgeordneter, Senator und schließlich als demokratischer Bewerber (gegen Richard Nixon) jüngster und erster katholischer Präsident der Vereinigten Staaten. Innenpolitisch stand er für die Politik der Rassengleichstellung. Außenpolitisch verfocht er einerseits einen scharf antikommunistischen Kurs (Kuba-Krise, Schweinebucht etc.), andererseits versuchte er zu einer Verständigung mit der UdSSR zu kommen. 1963 wurde er in Dallas von L. H. Oswald erschossen.

☞ *Lenin, Wladimir I. (1870-1924):* Lenin wurde Rechtsanwalt in St. Petersburg und kam früh mit sozialrevolutionären Bestrebungen in Kontakt, nachdem sein Bruder deshalb hingerichtet worden war. Nach drei Jahren Verbannung in Sibirien, emigrierte er nach Westeuropa, wo er die Organisation der Sozialdemokratischen Arbeiterpartei Rußlands betrieb und deren Zeitung "Iskra" herausgab. In dieser Zeit formulierte er seine Theorie einer Revolution in Rußland ("Was tun?"), den sogenannten Leninismus, und andere auf dem Marxismus basierende Schriften (z.B. seine Imperialismustheorie). Nach seiner von Deutschland unterstützten Rückkehr nach Rußland im April 1917 organisierte er zusammen mit Trotzki u.a. die Oktoberrevolution mit den Bolschewiki. Er wurde während des Bürgerkrieges Vorsitzender des Rates der Volkskommissare und von der Gründung der Sowjetunion bis zu seinem Tod Regierungschef derselben.

☞ *Mao Tse-tung (1893-1974):* Der Bauernsohn wurde nach seinem Universitätstudium Mitbegründer der KP in Shanghai. Seiner Auffassung nach entstammten die Hauptadressaten der KP dem bäuerlichen Milieu, das er ab 1928 zu organisieren versuchte. Im "Langen Marsch" 1934/35 entzog sich Mao der Vernichtung seiner Roten Armee durch Tschiang Kai-scheck und machte die Region von Jenan zu einem Zentrum der KP. Nach einer Phase des "Burgfriedens" mit Tschiang während der Auseinandersetzungen mit Japan verdrängte Mao Tschiang bis 1949 vom chinesischen Festland. In der Volksrepublik China nahm Mao verschiedene wichtige Positionen ein (Präsident, Vorsitzender des ZK und des Politbüros). 1962 erfolgte der Bruch mit der UdSSR, dieser eskalierte Ende der 60er/Anfang der 70er Jahre zu Grenzkonflikten. In der Kulturrevolution ab 1966 versuchte er die Mobilisierung der Massen aufrechtzuhalten und innerparteiliche Gegner auszuschalten. Nach außen bezog Mao sowohl gegen die USA (Korea, Vietnam) als auch gegen die UdSSR Stellung.

☞ *Marx, Karl (1818-1883):* Marx stammte aus einer alten Rabbinerfamilie, studierte Philosophie und Geschichte und wurde zunächst Journalist bei der liberalen "Rheinischen Zeitung". Nach Aufenthalten in Paris und Brüssel und seiner Bekanntschaft mit Friedrich Engels formulierte er wichtige Teile seiner kommunistischen Theorien. 1848 kehrte er zur "Neuen Rheinischen Zeitung" nach Deutschland zurück. Nach dem Verbot der Zeitung emigrierte er nach London, wo er bis zu seinem Lebensende schrieb und eine internationale kommunistische Bewegung zu organisieren versuchte. Sein Hauptwerk - neben einigen philosophischen Schriften - bestand aus den drei Bänden "Das Kapital", in denen er den wissenschaftlichen Nachweis der Notwendigkeit einer sozialistischen Revolution führen wollte. Die unter den Namen "Historischer" und "Dialektischer Materialismus" bekannten Teile der kommunistischen Ideologie gehen weitgehend auf seine Theorien zurück.

☞ *Metternich, Klemens, Fürst v. (1773-1859):* Metternich trat nach Studien in Straßburg, Frankfurt und Mainz in österreichische Dienste, wurde zunächst Gesandter und ab 1809 Außenminister. Seinen Hauptgegner Napoleon rang er mit Preußen und Rußland nieder und wurde zur wichtigsten politischen Figur des Wiener Kongresses und der ersten Hälfte des 19. Jahrhunderts. Seine äußerst konservative Gesinnung ließ ihn revolutionäre Strömungen in Gestalt des Liberalismus und Nationalismus in ganz Europa auf der Grundlage der "Heiligen Allianz" bekämpfen. In einer Reihe von europäischen Kongressen setzte er das System Metternichs, das Gleichgewicht der europäischen Großmächte durch. 1848 erzwang die Revolution in Wien seine Entlassung.

☞ *Napoleon I. (1769-1821):* eigentlich Napolione Buonaparte. Früh zum Soldatenberuf bestimmt, mit 16 Jahren wurde er schon Leutnant, galt der Korse doch lange als Landfremder in der französischen Armee. Seine militärische Karriere machte er in den Revolutionsheeren. Dank seiner Heirat mit Joséphine de Beauharnais begann sein gesellschaftlicher Aufstieg. Der oberitalienische Feldzug 1796/97 begründete die Popularität des Generals. Sie ermöglichte ihm schließlich 1799 den Sturz des Direktoriums. Zunächst nur Konsul, ab 1802 Konsul auf Lebenszeit, krönte er sich selbst 1804 zum erblichen "Kaiser der Franzosen". Frankreich wurde unter ihm im Innern konsolidiert und nach außen zur Hegemonialmacht in Europa. Er war bestimmt von den Ideen der Französischen Revolution, aber auch von einem unbedingten Herrscherwillen. 1910 heiratete der Emporkömmling die österreichische Kaisertochter Marie Louise. Sein Niedergang begann mit seinem Rußlandfeldzug 1812. 1814 wurde er nach Elba verbannt, für kurze Zeit gelang es ihm 1815, noch einmal die Macht in Frankreich an sich zu reißen. Als Verbannter lebte er bis zu seinem Tode auf der englischen Insel St.Helena.

☞ *Robespierre, Maximilien de (1758-1794):* Seit 1781 wirkte der angesehene Advokat in seiner Heimatstadt Arras. 1789 wurde er als Vertreter des Dritten Standes Mitglied der Generalstände, dann der Nationalversammlung. Im Club der Jakobiner gehörte er der Führung an. Energisch trat er für die Hinrichtung Ludwigs XVI. ein. Ab Juli 1793 hatte er im Wohlfahrtsausschuß eine nahezu unbeschränkte Macht. Er rechtfertigte die Schreckensherrschaft, der nach und nach führende Revolutionäre zum Opfer fielen. In seinen politischen Vorstellungen wurde er von Rousseau geprägt. Schließlich wurde er von den restlichen Konventsmitgliedern gestürzt. Am 27.7.1794 endete er unter der Guillotine.

☞ *Roosevelt, Franklin D. (1882-1945):* Roosevelt wurde zunächst Gouverneur des Staates New York und löste 1933 Hoover als 31. Präsident der Vereinigten Staaten ab. Er beendete die Prohibition und beschritt einen für die USA völlig neuen Weg zur Überwindung der Wirtschaftskrise, in Gestalt des "New Deal". Der Staat, nicht der Markt, gab wichtige Impulse zur Ankurbelung des Arbeitsmarkts und der Konjunktur. Ab 1937 bewegte er die USA langsam weg von einer Politik der bedingungslosen Neutralität, hin zur einer immer entschiedener werdenden Unterstützung der Demokratien gegen die Bedrohung durch die Diktatur, wie er es sah.

☞ *Stalin, Josef W. (1879-1953):* Stalin stammte aus Georgien und besuchte ein Priesterseminar bevor er sich der Gruppe der Bolschewiki anschloß. Nach mehreren Verhaftungen und Verbannung nach Sibirien stieg er in die Parteispitze auf. Nach erfolgreicher Teilnahme an Revolution und Bürgerkrieg wurde er 1922 Generalsekretär der KP. Nach dem Tod Lenins zog er immer mehr Macht an sich, isolierte Trotzki und schaltete linke und rechte Parteiflügel aus. Er beschleunigte die Industrialisierung (Elektrifizierung und Schwerindustrie) durch Fünfjahrespläne und die Kollektivierung der Landwirtschaft. Ab den 30er Jahren errichtete Stalin unter ungeheuren Menschenopfern und nach eingehenden Säuberungen von Partei und Armee (Schauprozesse) eine totale Diktatur in Partei und Staat. Als Sieger des 2. Weltkrieges verstand es Stalin die Macht der UdSSR konsequent über Osteuropa auszubauen. Seine Staatsführung, die Millionen hinrichten oder im Gulag verschwinden ließ, wurde nach seinem Tod in der UdSSR als Stalinismus kritisiert.

☞ *Truman, Harry S. (1884-1972):* Seit 1934 Berufspolitiker und 1944 Vizepräsident wurde er nach dem Tod Roosevelts 1945 32. Präsident der USA bis 1953. Das "New Deal" Roosevelts entwickelte er zum "Fair Deal" weiter. Seine historische Bedeutung lag in der Formulierung der Truman-Doktrin, die eine entschiedene Reaktion der USA auf die Expansion der UdSSR verlangte und in Gestalt wirtschaftlicher und militärischer Hilfen auch durchsetzte.

☞ *Wilhelm I. (1797-1888):* Seine Neigung galt dem Militär, das er 1848 als Kronprinz gegen die Revolution einsetzen lassen wollte (daher sein Spitzname "Kartätschenprinz"), weswegen er vor dem Volkszorn nach England fliehen mußte. 1861 wurde er König von Preußen. Eine anfänglich liberale Politik wurde mit der Heeresreform zusammen mit dem Kriegsminister Roon im preußischen Verfassungskonflikt, und schließlich mit Ministerpräsident Bismarck von einer zunehmend konservativ geprägten Innenpolitik abgelöst. 1871 wurde Wilhelm I. nach einigem Zögern Deutscher Kaiser, dem - vor allem nach zwei Attentaten Mitte der 70er Jahre - große Verehrung engegengebracht wurde. Sein wichtigster Staatsmann und Vertrauter blieb bis zu seinem Tod 1888 Bismarck, dem er die Leitung der Politik vollständig überließ.

☞ *Wilhelm II. (1859-1941):* Enkel von Wilhelm I. Wilhelm II. gelangte zu romantischen, der Zeit des Feudalismus zugehörigen Grundüberzeugungen, die ihn in Gegensatz zu Bismarck in der Frage der politischen Behandlung der Arbeiterschaft geraten ließen. Nach dessen Rücktritt 1890 versuchte Wilhelm II. im Rahmen des "persönlichen Regiments" maßgeblichen Einfluß vor allem auf die Außenpolitik und Rüstungspolitik (Flotte) zu gewinnen. Diplomatische Mißerfolge und Ungeschicklichkeiten ließen ihn ab 1908 in den Hintergrund treten. In der Novemberrevolution von 1918 wurde er zur Abdankung gezwungen und lebte fortan im Exil in Holland.

Glossar: Geschichtliche Fachbegriffe

☞ *Bolschewiki* (vs. Menschewiki): Der Begriff bezeichnet die für den revolutionären Weg plädierende, radikale Mehrheit des Vorläufers der KPdSU, der russischen Sozialdemokratischen Partei, unter Führung von Lenin. Die Menschewiki hatten sich für einen evolutionären Weg ausgesprochen, die Bolschewiki befürworteten eine Revolution unter Führung der kommunistischen Avantgarde, die Diktatur des Proletariats, und die vollständige Abschaffung des Privatbesitzes an Produktionsmitteln.

☞ *Containment* ("Eingrenzung"): Der Begriff faßt die Außenpolitik Trumans gegenüber den kommunistischen Staaten zusammen. Ihr Einfluß auf der Welt sollte durch einschneidende militärische und wirtschaftliche Hilfe an bedrohte Staaten eingegrenzt werden. U.a. blieben so auch nach Ende des 2. Weltkrieges amerikanische Truppen in Europa stationiert. Massive wirtschaftliche Hilfe im Rahmen des Marshall-Plans wurde den westeuropäischen Staaten zur Verfügung gestellt. Die Containment-Politik wurde in der Politik des "roll-back" von John Foster Dulles weiterentwickelt.

☞ *Domino-Theorie:* Der Begriff bezeichnet die Rechtfertigung der USA für ihr militärisches Engagement in Indochina ab den 60er Jahren. Die USA waren der Auffassung, daß man bei einem Fall Südvietnams in die Hände des Kommunismus damit rechnen müsse, daß die Staaten der gesamten Region (Laos, Kambodscha, Thailand etc.) wie Dominosteine in nämliche Hände fallen würden.

☞ *Entspannungspolitik* (vs. Kalter Krieg) als Phase des Kalten Krieges ab Anfang der 70er Jahre. Die Bundesrepublik (W. Brandt, sozial-liberale Koalition) schließt eine Reihe von Gewaltverzichtsabkommen mit den osteuropäischen Staaten und den Grundlagenvertrag mit der DDR als Voraussetzung für erweiterte Wirtschaftsbeziehungen und weitere vertrauensbildende Maßnahmen im Verlauf des KSZE-Prozesses. Die USA schließt zwei Rüstungskontrollverträge mit der UdSSR und beendet ihre Beteiligung am Vietnamkrieg. Die sowjetische Besetzung Afghanistans beendet 1979 diese Phase der Entspannungspolitik.

☞ *Fundamentalismus*: Politische Bewegung innerhalb der islamischen Welt, deren Ziel es ist, eine möglichst vollständige Umsetzung islamischer Lehren auf gesellschaftlichem und politischem Gebiet durchzusetzen und aus den mehr oder weniger laizistischen Staaten islamische Gottesstaaten zu machen, z.B. durch die Einführung der Sharia = direkte Übertragung des Sünden- und Tugendkatalogs des Koran in das Strafrecht. Der Fundamentalismus ist stark anti-westlich geprägt. Seinen ersten Erfolg verzeichnete er mit der Machtübernahme von Khomeini im Iran 1979. Der Fundamentalismus hat außerdem durch sein militantes Vorgehen gegen liberale islamische Schriftsteller (Rushdie u.a.) im Westen auf sich aufmerksam gemacht.

☞ *Glasnost* (+ *Perestroika* = "Neue Offenheit" + "Neues Denken"): Beide Begriffe bezeichnen die Phase der sowjetischen Innen- und Außenpolitik, die seit 1985 vom Parteichef der KPdSU, von Michael Gorbatschow formuliert wurde. Ursprünglich sollten die beiden Begriffe dazu aufrufen, dem Sozialismus neue Kraft zu verleihen, mit der die "Jahre der Stagnation" der Beschnew-Ära hätten überwunden werden sollen. Die Begriffe riefen zu schonungsloser Kritik an bisherigen Tabus der Sowjetgesellschaft (z.B. Stalinismus und Nomenklatura) auf und stellten einen kontrollierten, ökonomischen und politischen Umbauprozeß in Richtung Marktwirtschaft und Demokratie in Aussicht. Außenpolitisch wurde die Breschnew-Doktrin aufgegeben, d.h. die Formel von der begrenzten Souveränität der sozialistischen Staaten. Dadurch wurden die friedlichen Revolutionen in Polen, Ungarn, Bulgarien, der CSFR und der ehemaligen DDR ermöglicht. Zudem verständigte man sich mit den USA über verschiedene regionale Konflikte.

☞ *Hegemonialstreben* (vs. europäisches Gleichgewicht): Der Begriff bezeichnet den Versuch eines Staates eine Vormachtstellung zu gewinnnen. Die Politik des Deutschen Reiches ab 1890 wurde verschiedentlich dahingehend interpretiert, daß es aus einer "halb-hegemonialen" Stellung in eine eindeutige Vormachtposition in Europa gelangen wollte.

☞ *Heiliges Römisches Reich Deutscher Nation:* Der Begriff bezeichnet seit dem 11. bzw. 12. Jahrhundert bis 1806 das Herrschaftsgebiet und den Herrschaftanspruch der deutschen Kaiser. Beides hatte mit dem Aufkommen der Territorialstaaten im deutschen Raum nur noch symbolischen Wert. Der Adjektiv "heilig" bezeichnet die Verbundenheit mit der christlichen Kirche; "Römisches Reich" betont den ursprünglich universalen Charkter des Reiches in der Nachfolge des Römischen Reiches. Mit dem 15. Jahrhundert hebt die "Deutsche Nation" die deutschen Gebiete von den anderen ab.

☞ *Imperialismus:* Der Begriff bezeichnet im weitesten Sinne das Bestreben von Staaten, ihren Herrschaftsbereich über die eigenen Grenzen hinaus zu erweitern. Im engeren Sinne meint man mit dem Zeitalter des Imperialismus die Zeit von 1880 bis 1914, die Zeit also, in der vor allem die europäischen Mächte die Welt unter sich aufteilen und Kolonialgebiete zu gewinnen versuchten. Man unterscheidet zudem den politischen, ökonomischen und kulturellen Imperialismus.

☞ *Industrieproletariat:* Der Begriff bezeichnet die Fabrikarbeiterschaft und ihre Angehörigen, die im Zuge der Industriellen Revolution die Mehrheit der Bevölkerung stellen. Im Unterschied zur Masse der Armen des feudalen Zeitalters besitzen sie kein Land als Grundlage ihrer Subsistenz. Sie sind den Bedingungen des industriellen Kapitals unterworfen. Die Massenarmut wird zur "sozialen Frage" des 19. Jahrhunderts.

☞ *Isolationismus:* Außenpolitische Richtung der USA, die jede Einmischung in europäische Angelegenheiten ablehnt. Seit dem frühen 19. Jahrhundert (Monroe-Doktrin) bis 1917 und nach dem 1. Weltkrieg bis ca. 1939 verfolgten die USA die Politik des Isolationismus, der umgekehrt den europäischen Staaten jede Einmischung in die amerikanische Hemisphäre (Nord-, Süd- und Mittelamerika) untersagt.

☞ *Konstitutionelle Monarchie:* Der Begriff bezeichnet die in Europa nach dem Ende des aufgeklärten Absolutismus vorherrschende Staatsform. Die Macht des Monarchen wird durch eine von ihm gewährte (oktroyierte) oder von einer gewählten Körperschaft (z.B. Nationalversammlung) verabschiedete Verfassung (Konstitution) beschränkt. Der Staat löst sich von der Person des Monarchen.

☞ *McCarthy Ära:* Nach dem amerikanischen Senator McCarthy benannte, heute kritisch kommentierte Phase der amerikanischen Innenpolitik Anfang der 50er Jahre, zu Beginn des Kalten Krieges. Ein Senatsausschuß zur Aufdeckung "unamerikanischer Umtriebe" sorgte für die Entfernung von Künstlern, Journalisten und Wissenschaftlern aus dem öffentlichen Leben, denen linke Neigungen nachgesagt wurden.

☞ *Monroe-Doktrin:* Sie wurde benannt nach dem 5. Präsidenten der USA, James Monroe, der sie am 2.12.1823 verkündete. Sie besagt: Die USA verzichten auf alle Einmischungen in europäische Angelegenheiten, werden aber auch jede Einmischung von europäischen Staaten in selbständigen amerikanischen Staaten zurückweisen. Besondere Bedeutung erhielt diese Zielsetzung im Zeitalter des Imperialismus. Leicht zu merken ist sie in der Kurzform: "Amerika den Amerikanern!"

☞ *NATO-Doppelbeschluß:* Anfang der 80er Jahre gefaßter Beschluß der NATO-Staaten, einerseits Mittelstreckenraketen (bis 1000 km Reichweite) zu modernisieren (Pershing II und Cruise Missile) und als Gegengewicht zu den sowjetischen SS 20 vor allem auf dem Gebiet der Bundesrepublik zu stationieren, andererseits in Verhandlungen mit der UdSSR einzutreten, mit dem Ziel, die amerikanischen und sowjetischen Mittelstreckenraketen abzubauen (Null-Lösung). Innenpolitisch wurde mit dem Doppelbeschluß die außerparlamentarische, sogenannte Friedensbewegung zu einer Massenbewegung in den europäischen Staaten, vor allem in der Bundesrepublik.

☞ *Volksfronttaktik:* Der Begriff bezeichnet die Taktik der Sowjetunion, die Vorherrschaft der von ihr unterstützten kommunistischen Parteien in Osteuropa durchzusetzen. Die kommunistischen Parteien Polens, der CSSR etc. bildeten Bündnisse mit den sogenannten anti-faschistischen Parteien (z.B. Sozialdemokraten) und wurden so, im Rahmen einer Volksfrontregierung, auch wenn sie keine Stimmenmehrheiten in freien Wahlen erhielten, zu Regierungsparteien. Sie besetzten Schlüsselressorts (z.B. Innenministerium), unterwanderten Massenorganisationen (z.B. Gewerkschaften) und die Polizei und deckten z.B. angebliche "Verschwörungen faschistischer Kreise" auf, um die bürgerlichen Parteien zu zerschlagen oder sie zu Zusammenschlüssen mit den kommunistischen Parteien zu bewegen (z.B. Polen "Vereinigte Arbeiterpartei, oder DDR "SED"), die dann staatsstreichartig die Macht ergriffen.

☞ *Zensuswahlrecht (*vs. allgemeines Wahlrecht): Der Begriff bezeichnet ein Wahlrecht, das nur (Grund-)steuerzahlende Bürger umfaßt. Verschiedene Staaten maßen den Stimmen unterschiedliches Gewicht gemäß der Höhe des Steueraufkommens (z.B. preußisches Dreiklassenwahlrecht) zu. Die gängige Rechtfertigung dieses Wahlrechts hob das Recht derjenigen hervor, die Geschicke des Staates mitzubestimmen, die ihn unterhielten, also Steuern zahlten.

Verzeichnis der Abkürzungen, Sonderzeichen und fremdsprachlichen Fachausdrücke

ANZUS	Pazifik Pakt (Australia - New Zealand - USA)
AP	Außenpolitik
CENTO	Central Treaty Organisation = Pakt-System im Mittleren Osten, praktisch aufgelöst 1979
dän.	dänisch
dt.	deutsch
enclosures	"Einfriedungen" = Der ehemalige Gemeinbesitz und weite Teile kleiner Pachtbesitze werden im 18. Jahrhundert von

	den Großgrundbesitzern eingezäunt, um eine rationelle = gewinnträchtige Tierhaltung (Schafe etc.) zu ermöglichen
F	Frankreich
GB	Großbritannien
GATT	General Agreement on Tariffs and Trade = Allgemeines Zoll- und Handelsabkommen, Ziel: Ausbau des internationalen Handels
Ghzm.	Großherzogtum
IWF	Internationaler Währungsfond, Ziel: Förderung der internationalen Währungsstabilität und freier Austauschbarkeit der Währungen
KPdSU	Kommunistische Partei der Sowjetunion
KSZE	Konferenz für Sicherheit und Zusammenarbeit in Europa
levée en masse	faktische Einführung der allgemeinen Wehrpflicht zur Verteidigung der französischen Revolution in den Koalitionskriegen im Unterschied zu den gepreßten Heeren bzw. Söldnerarmeen der Feudalstaaten
LKG	Leistungskurs Geschichte
NATO	North Atlantic Treaty Organisation = Paktsystem der meisten westeuropäischen Staaten und den USA + Kanada
OHL	Oberste Heeresleitung unter Hindenburg und Ludendorff
OPEC	Organization of Petroleum Exporting Countries = Zusammenschluß Erdöl exportierender Länder, 1960 gegründet
PLO	Palestine Liberation Organization = palästinensische Befreiungsbewegung
red scare	"rote Bedrohung" = öffentlich geschürte Hexenjagd auf Kommunisten und Gewerkschaftler in den USA nach der russischen Oktoberrevolution
roll-back	"Zurückdrängen" = amerikanische Doktrin in den 50er Jahren zum Zurückdrängen kommunistischen Einflusses vor allem in Europa

SALT	Strategic Arms Limitation Talks = Zwei Abkommen zur Begrenzung der strategischen Rüstung der UdSSR und USA
SBZ	Sowjetische Besatzungszone
SDI	Strategic Defence Initiative (= "star wars") = massives und umstrittenes Forschungs- und Aufrüstungsprogramm der USA zur Abwehr von Interkontinentalraketen im Weltraum
SEATO	South East Asian Treaty Organisation
take-off	"Abheben" = der Zeitpunkt, ab dem sich die Industrialisierung selbst trägt, ab dem die Impulse zur weiteren Industrialisierung nicht mehr aus anderen Sektoren kommen
UdSSR	Union der sozialistischen Sowjetrepubliken
UNCTAD	United Nations Conference on Trade and Development = UN-Handels- und Entwicklungskonferenz
UN(O)	United Nations (Organisation) = Vereinte Nationen mit Sitz in New York
vs.	versus = international gebräuchliche Abkürzung für "im Gegensatz zu"
Wttb.	Württemberg
=	Gleichsetzung
☞	Verweis auf Kurzbiographien oder Glossar
=>	Schlußfolgerung ("daraus folgt")
+	hinzu kommt